JN040286

ネイティブが使う順に覚えられる

漢字 中国語 500

著 李姉妹

音声ダウンロード付

KADOKAWA

大家好！　皆さん、こんにちは。
日本在住中国人姉妹の李姉妹と申します。
まずは、本書を手に取っていただきありがとうございます。

中国語というと、「漢字」というイメージがありますよね。
アルファベットもひらがなもなく、すべての文章が漢字のみでできています。そして、中国語の漢字は10万個以上あると言われています。
この数を聞いて、「おわった……」と思った皆さん、絶望するのはまだ早いです。

漢字の総数が多いと言っても、そのすべてを日常で使うわけではありません。実は、中国語の常用漢字は約2500字しかないのです。この2500字は、中国で日常的に目にする文章、たとえば新聞や小説、ネット記事などの約98%を占めると言われています（ちなみに日本の常用漢字は約2100字）。さらに、中国語の常用漢字（簡体字）のうち約1000字は日本の漢字と同じなので、皆さんが新しく覚える必要がある漢字は約1500字ということになります。
日本人の皆さんは、中国語学習において間違いなく有利なのです。
本書では、効率よく語彙を増やしていただくために、中国語の常用漢字の中でも最もよく使うと言われている上位500個の漢字を単語・用例とともに解説しています。
この500字は前述の文章カバー率でいうと約78%にものぼる漢字の精鋭部隊！

まずは中国語の基礎である「漢字」を発音とともにしっかり覚えることで、見知らぬ文でも「とりあえず読める」ようになります。そして、その漢字を使った単語、用例を芋づる式に覚えていくことで、効果的に単語を覚えることができます。

中国語によく登場する漢字第1位は一体どの漢字なのでしょうか……？
さっそく一緒に見ていきましょう！

姉
ゆんちゃん

妹
しーちゃん

この本で一緒に、
漢字をマスターしましょう！

2024年6月　李姉妹

もくじ

本書の特長と使い方

この本は「漢字」をしっかり学習することで中国語の語彙力を伸ばすことを目的としています。そのために試行錯誤しつつ色んな工夫を盛り込みました。

ポイント 1 　中国語で使われる漢字の上位1〜500位を解説!

せっかく学習するなら中国語で使われている漢字を覚えたい!そう思い、中国語で最もよく使われているという上位500個の漢字(※1)を解説しています。ぱっと一覧を見ると簡単そうに見えますが、単語や例文で使われている用例、すべておさえられている方は多くないのではないでしょうか…?この500個を丁寧におさえておくことで、中国語の語彙の基礎力が身につくことでしょう。

(※1:出典 『新华字典』《现代汉语常用字表》)

ポイント 2 　コラムでは学習者がおさえておくべき重要事項を網羅!

コラムといっても侮るなかれ。漢字に関連して、学習者がおさえておくべき重要事項を網羅的に解説しています。(具体的な内容は6ページでチェックしてみてください)表で一目でわかるようにしているので、「もう知ってるよ」という方は復習の際に眺めてみてくださいね。

ポイント 3 　全編音声付。劉セイラさん、李軼倫さんによる発音を聴けます!

漢字、単語、例文にはすべて音声がついています。音声は劉セイラさん、李軼倫さんにご担当いただいております。美しい発音を耳から聞いて、真似して発音してみましょう。

1

まずは漢字とその読みを確認しましょう。

2

日本語の漢字は？ 繁体字ではどうなるか？ を書いています。確認することで簡体字の漢字をイメージしやすくなります。

001

de dī dí dì

的

日本漢字 **的**　繁体字 **的**

🔊 Track
001

3

漢字・単語／表現・例文はすべて音声付。より漢字の発音を覚えやすくなります。

単語／表現

表 **好的** hǎo de （わかった）

名 **的士** dī shì （タクシー）

副 **的确** dí què （確かに）

名 **目的** mù dì （目的）

例文

・**我的手机。** wǒ de shǒu jī （私の携帯。）

・**这是他的。** zhè shì tā de （これは彼のだ。）

・**好的，听你的。** hǎo de tīng nǐ de （わかった、まかせるよ。）

・**的确没错。** dí què méi cuò （確かにその通りだ。）

5

その漢字を使った例文を取り上げています。できるだけ多くの表現を取り上げるためにあえて単語とは別の用例を取り上げているものもあります。

4

その漢字を使った単語／表現の中でもよく使われるものを取り上げています。(※2)

音声
ダウンロード
について

● Trackマークが付いている部分には対応した音声を用意しています。

● 音声ファイルは以下からダウンロードして聞くことができます。

https://www.kadokawa.co.jp/product/322307000489
ユーザー名 chugoku-go ／パスワード 06-rishimai

● 上記ウェブサイトにはパソコンからアクセスしてください。音声ファイルは携帯電話、スマートフォン、タブレット端末などからはダウンロードできないので、ご注意ください。

● スマートフォンに対応した再生方法もご用意しています。詳細は上記URLへアクセスの上、ご確認ください。

● 音声ファイルはMP3形式です。パソコンに保存して、パソコンで再生するか、携帯音楽プレーヤーに取り込んでご使用ください。また、再生方法などについては、各メーカーのオフィシャルサイトなどをご参照ください。

● このサービスは、予告なく終了する場合があります。あらかじめご留意ください。

(※2) 本書の「単語」の前にはそれぞれの単語の品詞を掲載しています。
名：名詞、動：動詞、形：形容詞、副：副詞、前：前置詞、接：接続詞、代：代詞、助：助詞、助動：助動詞、数：数詞、量：量詞、
方：方位詞、口：口語表現、成語等

コラムについて

この本では中国語の漢字に関連して、
皆さんの学習に役立つコラムを掲載しています。こちらがコラム一覧です。

第 1 章

ギョーザ編

この章に出てくるのは中国でよく使われる漢字ランキング1位から100位まで。特に上位の漢字は1日に何度も目にするものばかりです。ぜひ予想しながらページをめくってみてくださいね!

de dī dí dì

日本漢字 的　繁体字 的

◀》Track **001**

単語／表現

- 表 hǎo de 好的 (わかった)
- 名 dī shì 的士 (タクシー)
- 副 dí què 的确 (確かに)
- 名 mù dì 目的 (目的)

例文

- wǒ de shǒu jī
  我的手机。(私の携帯。)
- zhè shì tā de
  这是他的。(これは彼のだ。)
- hǎo de tīng nǐ de
  好的，听你的。(わかった、まかせるよ。)
- dí què méi cuò
  的确没错。(確かにその通りだ。)

---

yī

日本漢字 一　繁体字 一

◀》Track **002**

単語／表現

- 形 yí yàng 一样 (同じである)
- 副 yì qǐ 一起 (一緒に)
- 形 zhuān yī 专一 (一途である)
- 副 yì biān yì biān 一边…一边〜 (…しながら〜する)

例文

- jiào shì zài yī lóu
  教室在一楼。(教室は一階にある。)
- yì qǐ chī fàn ba
  一起吃饭吧。(一緒にご飯を食べよう。)
- wǒ men yì biān zǒu yì biān shuō ba
  我们一边走一边说吧。(歩きながら話そうか。)
- wǒ yí dào jiā jiù shuì zháo le
  我一到家就睡着了。(家に着くなり寝てしまった。)

003

shì

是

日本漢字 是　繁体字 是

単語／表現

接 可是 (しかし) — kě shì

名 是非 (是非、善し悪し) — shì fēi

副 总是 (いつも) — zǒng shì

動 不是 (〜ではない) — bú shì

例文

- 是的，我是学生。(はい、私は学生です。) — shì de wǒ shì xué sheng

- 他总是迟到。(彼はいつも遅刻する。) — tā zǒng shì chí dào

- 我想去，可是没时间。(行きたいけど、時間がない。) — wǒ xiǎng qù kě shì méi shí jiān

- 你不是出门了吗? (出かけたんじゃなかったの?) — nǐ bú shì chū mén le ma

004

zài

在

日本漢字 在　繁体字 在

単語／表現

名 现在 (現在、今) — xiàn zài

副 正在 (ちょうど〜している) — zhèng zài

形 实在 (本物の、本当に) — shí zài

動 在乎 (気にかける) — zài hu

例文

- 我在公司。(私は会社にいる。) — wǒ zài gōng sī

- 我不在乎。(気にしないよ。) — wǒ bú zài hu

- 她现在不在。(彼女は今いない。) — tā xiàn zài bú zài

- 成功在于努力。(成功は努力によって決まる。) — chénggōng zài yú nǔ lì

005 bù

日本漢字 不 　繁体字 不 　🔊 Track **005**

単語／表現

形 **不行** bù xíng （いけない）

副 **不要** bú yào （〜してはいけない、〜するな）

形 **不安** bù ān （落ち着かない）

形 **不怕** bú pà （怖くない）

例文

- **这个不是我的。** zhè ge bú shì wǒ de （これは私のではない。）

- **我不会开车。** wǒ bú huì kāi chē （私は運転ができない。）

- **我不喜欢运动。** wǒ bù xǐ huan yùn dòng （私は運動が好きじゃない。）

- **你去不去学校？** nǐ qù bu qù xué xiào （学校行く？）

---

006 le liǎo

日本漢字 了 　繁体字 了、瞭 　🔊 Track **006**

単語／表現

前 **为了** wèi le （〜のために）

動 **算了** suàn le （やめにする）

動 **了解** liǎo jiě （理解する）

形 **不得了** bù dé liǎo （大変だ、〜でたまらない）

例文

- **我知道了。** wǒ zhī dào le （わかった。）

- **我先走了。** wǒ xiān zǒu le （先に行くね。）

- **算了，不说了。** suàn le bù shuō le （もういい、この話はやめよう。）

- **他真了不起。** tā zhēn liǎo bu qǐ （彼は本当にたいしたものだ。）

007

yǒu yòu

日本漢字 有　**繁体字** 有

単語／表現

動 没有 méi yǒu （ない、持っていない）

形 所有 suǒ yǒu （すべての）

形 有钱 yǒu qián （金持ちである）

形 有趣 yǒu qù （面白い）

例文

- 你有男朋友吗? nǐ yǒu nán péng you ma （彼氏いる?）

- 我有时候会头疼。wǒ yǒu shí hou huì tóu téng （たまに頭痛がする時がある。）

- 你今天有没有空? nǐ jīn tiān yǒu méi you kòng （今日時間ある?）

- 这个节目很有意思。zhè ge jié mù hěn yǒu yì si （この番組はとても面白い。）

008

hé hè huó huò

日本漢字 和　**繁体字** 和

単語／表現

名 形 和平 hé píng （平和／穏やかである）

形 温和 wēn hé （温和である）

動 和面 huò miàn （小麦粉をこねる）

動 和弄 huò nong （かき混ぜる、けしかける）

例文

- 我想和你一起去。wǒ xiǎng hé nǐ yì qǐ qù （あなたと一緒に行きたい。）

- 这件毛衣真暖和。zhè jiàn máo yī zhēn nuǎn huo （このセーターは本当に暖かい。）

- 他的性格很温和。tā de xìng gé hěn wēn hé （彼は温厚な性格だ。）

- 我们一家人很和睦。wǒ men yì jiā rén hěn hé mù （うちの家族は仲が良い。）

009

rén

人

日本漢字 人　繁体字 人

🔊 Track **009**

単語／表現

名 人生 rén shēng （人生）

名 大人 dà rén （大人）

名 人们 rén men （人々）

形 迷人 mí rén （夢中にさせる、魅力的な）

例文

- 我是日本人。 wǒ shì rì běn rén （私は日本人だ。）

- 他是好人。 tā shì hǎo rén （彼はいい人だ。）

- 这部电影很感人。 zhè bù diànyǐng hěn gǎn rén （この映画はとても感動的だ。）

- 人人都夸他聪明。 rén rén dōu kuā tā cōngming （みんな彼を賢いと褒める。）

010

zhè zhèi

这

日本漢字 這　繁体字 這

🔊 Track **010**

単語／表現

名 这个 zhè ge （これ）

代 这里 zhè li （ここ）

代 这样 zhè yàng （こんな、このような）

代 这次 zhè cì （今回）

例文

- 这是什么？ zhè shì shén me （これは何？）

- 我这几天很忙。 wǒ zhè jǐ tiān hěn máng （私はここ数日とても忙しい。）

- 我第一次来这里。 wǒ dì yī cì lái zhè li （ここに来るのは初めてだ。）

- 没想到中文这么难。 méi xiǎng dào zhōngwén zhè me nán （中国語がこんなに難しいとは思わなかった。）

第1章　ギョーザ編

12

011

zhōng zhòng

日本漢字 **中** 繁体字 **中**

単語／表現

名 **中间** zhōng jiān（真ん中）

名 **高中** gāo zhōng（高校）

名 **中午** zhōng wǔ（昼）

動 **中奖** zhòng jiǎng（くじなどに当たる）

例文

- 我在学习中文。 wǒ zài xué xí zhōng wén（私は中国語を勉強している。）
- 我想去中国旅游。 wǒ xiǎng qù zhōng guó lǚ yóu（中国に旅行に行きたい。）
- 我从来没有中过奖。 wǒ cóng lái méi yǒu zhòng guo jiǎng（私は一度もくじに当たったことがない。）
- 被我说中了。 bèi wǒ shuō zhòng le（私の言った通りだ。）

012

dà dài

日本漢字 **大** 繁体字 **大**

単語／表現

名 **大家** dà jiā（みんな、みなさん）

名 **大学** dà xué（大学）

形 **伟大** wěi dà（偉大である）

名 **大夫** dài fu（医者）

例文

- 大家好。 dà jiā hǎo（皆さんこんにちは。）
- 他比我大三岁。 tā bǐ wǒ dà sān suì（彼は私の3つ上だ。）
- 没什么大不了的。 méi shén me dà bu liǎo de（大したことじゃない。）
- 他是一个好大夫。 tā shì yí ge hǎo dài fu（彼は良い医者だ。）

013

wéi wèi

为

日本漢字 为　**繁体字** 为

🔊 Track **013**

単語／表現

前 **因为** yīn wèi （〜なので、〜のために）

副 **为什么** wèi shén me （どうして）

前 **为了** wèi le （〜のために）

動 **为难** wéi nán （困る、困らせる）

例文

- **我认为你是对的。** wǒ rèn wéi nǐ shì duì de （あなたは正しいと思う。）

- **你昨天为什么没来?** nǐ zuó tiān wèi shén me méi lái （昨日どうして来なかったの?）

- **不要为难他了。** bú yào wéi nán tā le （彼を困らせないで。）

- **为了健康，我每天都运动。** wèi le jiàn kāng　wǒ měi tiān dōu yùn dòng （健康のために、毎日運動している。）

014

shàng shǎng

上

日本漢字 上　**繁体字** 上

🔊 Track **014**

単語／表現

副 **马上** mǎ shàng （すぐ、直ちに）

名 **上面** shàngmiàn （上、表面）

名 **早上** zǎo shang （朝）

名 **路上** lù shang （道中、道路の上）

例文

- **我马上就到了。** wǒ mǎ shàng jiù dào le （もうすぐ着くよ。）

- **我今天不上班。** wǒ jīn tiān bú shàng bān （今日は仕事に行かない。）

- **钥匙在桌子上。** yào shi zài zhuō zi shang （カギは机の上にある。）

- **这道菜看上去很好吃。** zhè dào cài kàn shang qu hěn hǎo chī （この料理はとても美味しそうだ。）

015

gè gě

个

日本漢字 個　繁体字 個

◀)) Track **015**

単語／表現

名 个子 gè zi （背丈、身長）

名 个性 gè xìng （個性）

代 各个 gè gè （それぞれ）

表 一个个 yī gè gè （一つひとつ、一人ひとり）

例文

- 教室里有二十个人。 jiào shì lǐ yǒu èr shí ge rén （教室に人が20人いる。）

- 他很有个性。 tā hěn yǒu gè xìng （彼はとても個性的だ。）

- 我有一个问题想问你。 wǒ yǒu yí ge wèn tí xiǎngwèn nǐ （あなたに一つ聞きたいことがある。）

- 他的个子比我高。 tā de gè zi bǐ wǒ gāo （彼は私より背が高い。）

016

guó

国

日本漢字 国　繁体字 國

◀)) Track **016**

単語／表現

名 国家 guó jiā （国）

名 国际 guó jì （国際）

名 中国 zhōng guó （中国）

名 国王 guó wáng （国王）

例文

- 我是中国人。 wǒ shì zhōng guó rén （私は中国人だ。）

- 你去过几个国家？ nǐ qù guo jǐ ge guó jiā （何ヶ国行ったことある？）

- 我每天都看国际新闻。 wǒ měi tiān dōu kàn guó jì xīn wén （私は毎日国際ニュースを見る。）

- 我想去国外留学。 wǒ xiǎng qù guó wài liú xué （海外に留学したい。）

017

wǒ

日本漢字 我　**繁体字** 我

🔊 Track 017

我

単語／表現

名 **我们** wǒ men （私たち）

名 **自我** zì wǒ （自己）

表 **我看** wǒ kàn （私が見るに～）

例文

- **我是医生。** wǒ shì yī shēng （私は医者だ。）
- **我看不行。** wǒ kàn bù xíng （私が見るにうまくいかない。）
- **我们走吧。** wǒ men zǒu ba （行こう。）
- **他是我的同事。** tā shì wǒ de tóng shì （彼は私の同僚だ。）

018

yǐ

日本漢字 以　**繁体字** 以

🔊 Track 018

以

単語／表現

方 **以前** yǐ qián （以前）

方 **以后** yǐ hòu （今後、以後）

動 **以为** yǐ wéi （～と思う、～だと思い込む）

助動 **可以** kě yǐ （～できる、～してもよい）

例文

- **以后再说吧。** yǐ hòu zài shuō ba （また今度にしよう。）
- **我以为你不来了。** wǒ yǐ wéi nǐ bù lái le （あなたは来ないかと思ったよ。）
- **我会全力以赴的。** wǒ huì quán lì yǐ fù de （全力を尽くすよ。）
- **你可以帮我一下吗?** nǐ kě yǐ bāng wǒ yí xià ma （ちょっと手伝ってくれない?）

第1章　ギョーザ編

16

019

yào yāo

日本漢字 要　繁体字 要

🔊 Track **019**

単語／表現

名 動 **需要** xū yào （必要／必要とする）

動 **重要** zhòng yào （重要である、大切である）

接 **只要** zhǐ yào （〜さえすれば）

名 動 **要求** yāo qiú （要求／要求する）

例文

- wǒ yào chū mén le
我要出门了。（もう出かけるところ。）

- yǒu méi you shén me yāo qiú
有没有什么要求?（何か要求はある?）

- zhè ge kǎo shì hěn zhòng yào
这个考试很重要。（この試験はとても重要だ。）

- wǒ xū yào nǐ de bāng máng
我需要你的帮忙。（あなたの助けが必要だ。）

020

tā

日本漢字 他　繁体字 他

🔊 Track **020**

単語／表現

代 **他们** tā men （彼ら）

名 **他人** tā rén （他人）

代 **其他** qí tā （その他の）

名 **吉他** jí tā （ギター）

例文

- tā shì wǒ de nán péng you
他是我的男朋友。（彼は私の彼氏です。）

- wǒ bú rèn shi tā men
我不认识他们。（彼らとは知り合いじゃない。）

- nǐ huì tán jí tā ma
你会弹吉他吗?（ギターは弾ける?）

- yǒu méi you qí tā de yán sè
有没有其他的颜色?（他の色はある?）

簡体字ってたまに簡略化が激しいのがあるよね……。

もはや原型留めてないやつね（笑）……

この漢字だったんだっていう衝撃を受ける学習者さんも多いかも。

日本の漢字との違いが大きいものをまとめてみたよ。……

🔊 Track **021**

书(書)	**车**(車)	**义**(義)	**几**(幾)
shū	chē	yì	jǐ
丰(豊)	**乐**(楽)	**发**(発)	**个**(個)
fēng	lè	fā	gè
飞(飛)	**无**(無)	**为**(為)	**岁**(歳)
fēi	wú	wéi	suì
线(線)	**汉**(漢)	**动**(動)	**过**(過)
xiàn	hàn	dòng	guò
后(後)	**业**(業)	**还**(還)	**样**(様)
hòu	yè	hái	yàng
质(質)	**总**(総)	**长**(長)	**头**(頭)
zhì	zǒng	cháng	tóu

论 (論) lùn	运 (運) yùn	农 (農) nóng	干 (乾·幹) gān
战 (戰) zhàn	队 (隊) duì	东 (東) dōng	阶 (階) jiē
极 (極) jí	认 (認) rèn	达 (達) dá	积 (積) jī
斗 (鬥) dòu	节 (節) jié	观 (觀) guān	众 (衆) zhòng
备 (備) bèi	历 (歷) lì	响 (響) xiǎng	专 (專) zhuān
严 (嚴) yán	龙 (龍) lóng	华 (華) huá	选 (選) xuǎn
习 (習) xí	听 (聽) tīng	价 (價) jià	适 (適) shì
识 (識) shí	厂 (廠) chǎng	层 (層) céng	构 (構) gòu
矿 (鑛) kuàng	织 (織) zhī	马 (馬) mǎ	确 (確) què

shí

时

日本漢字 時　繁体字 時

◀» Track 022

単語／表現

名 时间 shí jiān （時間）

名 时候 shí hou （時刻、時間）

形 副 及时 jí shí （ちょうど良い時に／早速）

名 小时 xiǎo shí （時間（単位））

例文

- 我今天没有时间。 wǒ jīn tiān méi yǒu shí jiān （今日は時間がない。）

- 你的生日是什么时候？ nǐ de shēng rì shì shén me shí hou （あなたの誕生日はいつ？）

- 还有一个小时上课。 hái yǒu yí ge xiǎo shí shàng kè （授業まであと1時間だ。）

- 我每天都按时上班。 wǒ měi tiān dōu àn shí shàng bān （毎日時間通りに出勤している。）

lái

来

日本漢字 来　繁体字 來

◀» Track 023

単語／表現

副 后来 hòu lái （その後、それから）

動 起来 qǐ lai （立ち上がる、起き上がる）

形 副 原来 yuán lái （もとの／もとは）

動 来往 lái wǎng （行き来する）

例文

- 他还没来。 tā hái méi lái （彼はまだ来ていない。）

- 这件事说来话长。 zhè jiàn shì shuō lái huà cháng （この件は話せば長くなる。）

- 来来来，趁热吃。 lái lái lái chèn rè chī （さぁさぁ、熱いうちに食べて。）

- 这个怎么写来着？ zhè ge zěn me xiě lái zhe （これどうやって書くんだっけ？）

第1章 ギョーザ編

023

yòng

用

日本漢字 用　繁体字 用

単語／表現

名 作用 zuò yòng（作用、効果）

名 信用 xìn yòng（信用）

動 用心 yòng xīn（気をつける、心をこめる）

名 用品 yòng pǐn（用品）

例文

- 没事，不用担心。 méi shì bú yòng dān xīn（大丈夫、心配しないで。）

- 用中文怎么说？ yòng zhōng wén zěn me shuō（中国語で何て言うの？）

- 他学习很用心。 tā xué xí hěn yòng xīn（彼は勉強に力を入れている。）

- 这是谁的用户名？ zhè shì shéi de yòng hù míng（これは誰のアカウント名?）

024

mén men

们

日本漢字 們　繁体字 們

Track

025

単語／表現

代 我们 wǒ men（私たち）

代 你们 nǐ men（あなたたち）

代 他们 tā men（彼ら）

名 人们 rén men（人々）

例文

- 我们是好朋友。 wǒ men shì hǎo péng you（私たちは仲の良い友達だ。）

- 他们是谁？ tā men shì shéi（あの人たちは誰?）

- 孩子们去上学了。 hái zi men qù shàng xué le（子ども達は学校に行った。）

- 我们等你们来。 wǒ men děng nǐ men lái（あなた達が来るのをみんなで待ってるよ。）

shēng

生

日本漢字 生　繁体字 生

単語／表現

名 **生活** shēng huó （生活）

名 **生日** shēng rì （誕生日）

動 **生气** shēng qì （怒る、腹がたつ）

名 **学生** xué sheng （学生）

例文

- **她生气了。** tā shēng qì le （彼女は怒った。）
- **发生了什么?** fā shēng le shén me （何が起きたの?）
- **明天是他的生日。** míng tiān shì tā de shēng rì （明日は彼の誕生日だ。）
- **肉还是生的呢。** ròu hái shì shēng de ne （肉はまだ生だよ。）

dào

到

日本漢字 到　繁体字 到

単語／表現

副 **到处** dào chù （至る所、あちこち）

動 **迟到** chí dào （遅刻する）

副 動 **到底** dào dǐ （いったい／最後まで～する）

動 **得到** dé dào （得る、手に入れる）

例文

- **我到了。** wǒ dào le （着いたよ。）
- **千万别迟到。** qiān wàn bié chí dào （くれぐれも遅刻しないように。）
- **到时候再说吧。** dào shí hou zài shuō ba （また今度話そう。）
- **你到底喜欢哪一个?** nǐ dào dǐ xǐ huan nǎ yí ge （結局どれが好きなの?）

027

zuò zuō

作

日本漢字 作　繁体字 作

単語／表現

名 工作 gōng zuò （仕事）

名 作业 zuò yè （宿題）

名 动作 dòng zuò （動作）

名 作用 zuò yòng （作用、効果）

例文

- 我在写作业。 wǒ zài xiě zuò yè （私は宿題をしている。）

- 他工作很认真。 tā gōng zuò hěn rèn zhēn （彼はとても真面目に働いている。）

- 我不喜欢写作文。 wǒ bù xǐ huan xiě zuò wén （作文は好きじゃない。）

- 不要自作聪明。 bú yào zì zuò cōngming （自分が賢いとうぬぼれないで。）

028

dì de

地

日本漢字 地　繁体字 地

◀)) Track
029

単語／表現

名 地方 dì fang （場所、部分）

名 地址 dì zhǐ （住所）

名 草地 cǎo dì （芝生、草原）

名 场地 chǎng dì （用地、敷地）

例文

- 这是我家的地址。 zhè shì wǒ jiā de dì zhǐ （これは私の家の住所だ。）

- 别急，慢慢地说。 bié jí mànmàn de shuō （焦らないで、ゆっくり話して。）

- 我们要认真地听课。 wǒ men yào rèn zhēn de tīng kè （真面目に授業を聞かないと。）

- 谢谢你特地来看我。 xiè xie nǐ tè dì lái kàn wǒ （わざわざ会いに来てくれてありがとう。）

029 yú

于

| 日本漢字 | 于 | 繁体字 | 於 |

🔊 Track **030**

単語／表現

前 接 由于 yóu yú （〜によって／〜なので）

動 等于 děng yú （〜に等しい）

接 于是 yú shì （そこで、それで）

副 终于 zhōng yú （ついに、とうとう）

例文

- 你终于起来了。 nǐ zhōng yú qǐ lai le （やっと起きたんだね。）

- 由于工作的关系，我搬家了。 yóu yú gōngzuò de guān xi wǒ bān jiā le （仕事の都合で、引越した。）

- 不至于这么生气吧。 bú zhì yú zhè me shēng qì ba （そんなに怒るほどのことじゃないでしょ。）

- 地球属于太阳系。 dì qiú shǔ yú tài yáng xì （地球は太陽系に属する。）

030 chū

出

| 日本漢字 | 出 | 繁体字 | 出 |

🔊 Track **031**

単語／表現

動 出现 chū xiàn （現れる、出現する）

動 出生 chū shēng （生まれる）

動 出门 chū mén （外出する）

名 日出 rì chū （日の出）

例文

- 出口在哪里？ chū kǒu zài nǎ li （出口はどこ？）

- 她已经出门了。 tā yǐ jīng chū mén le （彼女はもう出かけた。）

- 一起出去吃饭。 yì qǐ chū qù chī fàn （一緒にご飯を食べに行く。）

- 我出生在东京。 wǒ chū shēng zài dōng jīng （私は東京生まれだ。）

031

jiù

就

日本漢字 就　繁体字 就

🔊 Track **032**

単語／表現

副 **就要** jiù yào （まもなく、今すぐ）

動 **就业** jiù yè （就職する）

動 **成就** chéng jiù （達成する、成就する）

動 **将就** jiāng jiu （間に合わせる、我慢する）

例文

- **马上就到了。** mǎ shàng jiù dào le （もうすぐ着く。）
- **你就原谅他吧。** nǐ jiù yuánliàng tā ba （もう彼を許してあげなよ。）
- **他一看书就犯困。** tā yí kàn shū jiù fàn kùn （彼は本を読むとすぐ眠くなる。）
- **终点就在眼前了。** zhōngdiǎn jiù zài yǎn qián le （終点はもう目の前だ。）

032

fēn fèn

分

日本漢字 分　繁体字 分

🔊 Track **033**

単語／表現

名 **分钟** fēn zhōng （分、分間）

動 **分析** fēn xī （分析する）

名 **水分** shuǐ fèn （水分）

形 **过分** guò fèn （度を越している）

例文

- **还有十分钟。** hái yǒu shí fēn zhōng （あと10分ある。）
- **他们分手了。** tā men fēn shǒu le （彼らは別れた。）
- **补充水分很重要。** bǔ chōng shuǐ fèn hěn zhòng yào （水分補給はとても大切だ。）
- **这只是其中的一部分。** zhè zhǐ shì qí zhōng de yí bù fen （これはその中の一部に過ぎない。）

033 duì

対

日本漢字 对　　繁体字 對

単語／表現

前 **对于** duì yú （〜について）

動 **面对** miàn duì （直面する）

名 **对方** duì fāng （相手）

表 **对不起** duì bu qǐ （すまないと思う、ごめん）

例文

- **你说得对。** nǐ shuō de duì （あなたの言う通りだ。）
- **你对我很重要。** nǐ duì wǒ hěn zhòng yào （あなたは私にとってとても大事だ。）
- **这件事绝对不可能。** zhè jiàn shì jué duì bù kě néng （これは絶対にありえないことだ。）
- **对不起，是我的错。** duì bu qǐ shì wǒ de cuò （ごめん、私が悪かった。）

034 chéng

成

日本漢字 成　　繁体字 成

単語／表現

名 **成长** chéngzhǎng （成長）

名 **成语** chéng yǔ （成語、ことわざ）

名 **成果** chéng guǒ （成果）

動 **完成** wánchéng （完成する、やり遂げる）

例文

- **他很成功。** tā hěn chénggōng （彼はとても成功している。）
- **我们成为了好朋友。** wǒ menchéng wéi le hǎo péng you （私たちは良い友達になった。）
- **你知道几个成语?** nǐ zhī dào jǐ ge chéng yǔ （成語をいくつ知ってる?）
- **我终于完成任务了。** wǒ zhōng yú wánchéng rèn wu le （やっと任務を完了した。）

035 huì kuài

日本漢字 **会**　繁体字 **會**

◀)) Track **036**

単語／表現

名 **机会** jī huì （機会、チャンス）

名 **社会** shè huì （社会）

動 **会合** huì hé （合流する）

名 **会计** kuài jì （会計、経理）

例文

- **今天下午开会。** jīn tiān xià wǔ kāi huì （今日の午後会議がある。）
- **我不会吃辣。** wǒ bú huì chī là （私は辛いものが食べられない。）
- **我不会骑自行车。** wǒ bú huì qí zì xíng chē （私は自転車に乗れない。）
- **明天可能会下雨。** míng tiān kě néng huì xià yǔ （明日は雨が降るかもしれない。）

036 kě kè

日本漢字 **可**　繁体字 **可**

◀)) Track **037**

単語／表現

助動 **可以** kě yǐ （～できる、～しても良い）

形 副 **可能** kě néng （可能である／～かもしれない）

接 **可是** kě shì （しかし）

形 **可口** kě kǒu （口に合う）

例文

- **可能吧。** kě néng ba （たぶんね。）
- **这里可以上网。** zhè li kě yǐ shàngwǎng （ここはネットが使える。）
- **这里的风景可真美。** zhè li de fēng jǐng kě zhēn měi （ここの景色は本当にキレイだ。）
- **虽然很累，可是很开心。** suī rán hěn lèi kě shì hěn kāi xīn （疲れてはいるけど、とても楽しい。）

037

zhǔ

主

日本漢字 **主**　繁体字 **主**

🔊 Track **038**

単語／表現

名 **主人** zhǔ rén（主人）

動 **主动** zhǔ dòng（自発的である、積極的である）

名 **主意** zhǔ yi（意見、考え、対策）

名 **公主** gōng zhǔ（皇女、お姫様）

例文

- 我有一个主意。wǒ yǒu yí ge zhǔ yi（私に1つ考えがある。）
- 主人公是谁？zhǔ rén gōng shì shéi（主人公は誰？）
- 这件事情你做主。zhè jiàn shì qing nǐ zuò zhǔ（この件はあなたが決めて。）
- 这个项目主要由我来负责。zhè ge xiàng mù zhǔ yào yóu wǒ lái fù zé（このプロジェクトは主に私が受け持つ。）

038

fā fà

发

日本漢字 **発**　繁体字 **發、髪**

🔊 Track **039**

単語／表現

動 **发现** fā xiàn（発見する、気づく）

動 **发展** fā zhǎn（発展する、拡大する）

名 **头发** tóu fa（髪の毛）

名 **发型** fà xíng（髪型）

例文

- 我早上八点出发。wǒ zǎo shang bā diǎn chū fā（朝8時に出発する。）
- 不要发出声音。bú yào fā chū shēng yīn（声を出さないで。）
- 社会发展得很快。shè huì fā zhǎn de hěn kuài（社会の発展はとても速い。）
- 我今天要去剪头发。wǒ jīn tiān yào qù jiǎn tóu fa（今日髪を切りに行く。）

039 nián

年

日本漢字 **年**　繁体字 **年**

🔊 Track **040**

単語／表現

名 今年 jīn nián（今年）

動 过年 guò nián（年を越す、新年を祝う）

名 年糕 nián gāo（もち）

名 年轻人 niánqīng rén（若者）

例文

- 今年是龙年。 jīn nián shì lóng nián（今年は辰年だ。）
- 天气一年比一年热。 tiān qì yì nián bǐ yì nián rè（年々暑くなる。）
- 年轻人要敢于挑战。 niánqīng rén yào gǎn yú tiǎo zhàn（若者は挑戦する勇気を持つべきだ。）
- 新年快乐！ xīn nián kuài lè（あけましておめでとう!）

---

040 dòng

动

日本漢字 **動**　繁体字 **動**

🔊 Track **041**

単語／表現

動 名 运动 yùn dòng（運動する／運動、スポーツ）

名 动作 dòng zuò（動作）

動 名 活动 huó dòng（体を動かす／活動、イベント）

動 感动 gǎn dòng（感動する、感動させる）

例文

- 太感动了。 tài gǎn dòng le（本当に感動した。）
- 动作快一点！ dòng zuò kuài yì diǎn（もっと早く動いて!）
- 我很喜欢动物。 wǒ hěn xǐ huan dòng wù（私は動物がとても好きだ。）
- 他动不动就生气。 tā dòng bu dòng jiù shēng qì（彼はすぐに怒る。）

…… 中国語は日本語に比べて漢字の読み方が少ないよね？

日本語よりは少ないけど、意外と2種類以上あるのも多いよ。……

 …… じゃあ日常的に使うものは覚えておいた方がいいね。

とりあえず、よく使う「多音字」を18個覚えよう！ ……

◀) Track **042**

漢字	拼音	単語例	発音	単語例
干	gān	**干净、干杯** gān jìng 、gān bēi きれいである、乾杯する	gàn	**干活、能干** gàn huó、néng gàn 仕事をする、仕事ができる
长	cháng	**长远、长寿** cháng yuǎn、cháng shòu 長期の、長寿である	zhǎng	**成长、长大** chéng zhǎng、zhǎng dà 成長する、大きくなる
乐	lè	**快乐、乐趣** kuài lè、lè qù 楽しみ、面白み	yuè	**音乐、乐器** yīn yuè、yuè qì 音楽、楽器
发	fā	**发现、发财** fā xiàn、fā cái 発見する、お金持ちになる	fà	**头发、理发** tóu fa、lǐ fà 髪の毛、散髪する
背	bēi	**背包、背债** bēi bāo、bēi zhài リュック、借金を負う	bèi	**背景、背诵** bèi jǐng、bèi sòng 背景、暗唱する
行	xíng	**行为、行李** xíng wéi、xíng li 行為、荷物	háng	**银行、行业** yín háng、háng yè 銀行、業種
重	zhòng	**重量、体重** zhòng liàng、tǐ zhòng 重さ、体重	chóng	**重新、重复** chóng xīn、chóng fù 新たに、重複する／繰り返す

		答案、问答		答应、答讪
答	dá	dá àn、wèn dá	dā	dā ying、dā shàn
		答え、問答する		答える／承諾する、話しかける
都	dōu	全都、都是	dū	首都、京都
		quán dōu、dōu shì		shǒu dū、jīng dū
		すべて、すべて～だ		首都、京都
调	tiáo	空调、调整	diào	声调、单调
		kōng tiáo、tiáo zhěng		shēng diào、dān diào
		エアコン、調整する		声調、単調である
更	gēng	更新、更改	gèng	更加、更好
		gēng xīn、gēng gǎi		gèng jiā、gèng hǎo
		更新する、改める		ますます、より良い
还	huán	送还、还价	hái	还是、还好
		sòng huán、huán jià		hái shi、hái hǎo
		(物を)返す、値切る		やはり／それとも、まあまあよい
假	jiǎ	真假、假如	jià	暑假、请假
		zhēn jiǎ、jiǎ rú		shǔ jià、qǐng jià
		真偽、もしも～なら		夏休み、休みを取る
觉	jué	直觉、觉得	jiào	睡觉、午觉
		zhí jué、jué de		shuì jiào、wǔ jiào
		直感、感じる／～と思う		寝る、昼寝
空	kōng	空气、空调	kòng	空白、没空
		kōng qì、kōng tiáo		kòng bái、méi kòng
		空気、エアコン		空白、暇がない
为	wéi	行为、为人	wèi	因为、为什么
		xíng wéi、wéi rén		yīn wèi、wèi shén me
		行為、人柄		～なので、なぜ／どうして
看	kàn	看书、好看	kān	看守、看家
		kàn shū、hǎo kàn		kān shǒu、kān jiā
		本を読む、美しい／面白い		見守る／監視する、留守番をする
相	xiāng	相信、互相	xiàng	照相、相册
		xiāng xìn、hù xiāng		zhào xiàng、xiàng cè
		信じる、お互いに		写真を撮る、アルバム

041

tóng tòng

同

| 日本漢字 | 同 | 繁体字 | 同 |

🔊 Track 043

単語／表現

名 同学 tóng xué （同級生）

名 同事 tóng shì （同僚）

動 同意 tóng yì （同意する、賛成する）

名 胡同 hú tòng （路地、小路）

例文

- 我们是同事。 wǒ men shì tóng shì （私たちは同僚だ。）

- 我也有同样的问题。 wǒ yě yǒu tóngyàng de wèn tí （私も同じ問題を抱えている。）

- 我不同意你的想法。 wǒ bù tóng yì nǐ de xiǎng fa （あなたの考えには賛同しない。）

- 不同的人有不同的喜好。 bù tóng de rén yǒu bù tóng de xǐ hào （人はそれぞれ好みが違う。）

042

gōng

工

| 日本漢字 | 工 | 繁体字 | 工 |

🔊 Track 044

単語／表現

名 工厂 gōngchǎng （工場）

動 打工 dǎ gōng （アルバイトをする）

名 手工 shǒugōng （手仕事、手作り）

名 工程师 gōngchéng shī （技師、エンジニア）

例文

- 他工作很忙。 tā gōng zuò hěn máng （彼は仕事がとても忙しい。）

- 我在饭店打工。 wǒ zài fàn diàn dǎ gōng （私はレストランでアルバイトをしている。）

- 他是一名工程师。 tā shì yì mínggōngchéng shī （彼はエンジニアだ。）

- 他的字写得很工整。 tā de zì xiě de hěn gōngzhěng （彼はとても丁寧な字を書く。）

043 yě

日本漢字 也　繁体字 也

🔊 Track **045**

単語／表現

副 **也许** yě xǔ （もしかしたら〜かもしれない）

助 **也罢** yě bà （仕方がない、まぁいいだろう）

助 **也好** yě hǎo （仕方がない、まぁいいだろう）

例文

- **我也去。** wǒ yě qù （私も行く。）

- **也许吧。** yě xǔ ba （そうかもね。）

- **明天也可以。** míngtiān yě kě yǐ （明日でもいいよ。）

- **现在去也来不及了。** xiànzài qù yě lái bu jí le （今から行っても間に合わない。）

044 néng nài

日本漢字 能　繁体字 能

🔊 Track **046**

単語／表現

名 **能力** néng lì （能力）

助動 **能够** néng gòu （〜できる）

名 **才能** cái néng （才能）

名 **能量** néngliàng （エネルギー）

例文

- **你一定能行。** nǐ yí dìng néng xíng （あなたならきっと大丈夫。）

- **能不能用信用卡？** néng bu néng yòng xìn yòng kǎ （クレジットカードは使える？）

- **他的社交能力很强。** tā de shè jiāo néng lì hěn qiáng （彼はコミュ力がとても高い。）

- **你能等一会儿我吗？** nǐ néng děng yì huìr wǒ ma （少し待ってもらえる？）

045

xià

下

日本漢字 下　繁体字 下

🔊 Track 047

単語／表現

動 下课 xià kè （授業が終わる）

動 下雨 xià yǔ （雨が降る）

動 下班 xià bān （仕事を終える、退勤する）

名 下巴 xià ba （あご）

例文

- 等一下。 děng yí xià （ちょっと待って。）

- 我今天六点下班 wǒ jīn tiān liù diǎn xià bān （今日は6時に仕事が終わる。）

- 这下问题麻烦了。 zhè xià wèn tí má fan le （これは面倒なことになったな。）

- 下个月是他的生日。 xià ge yuè shì tā de shēng rì （来月は彼の誕生日だ。）

046

guò guō

过

日本漢字 過　繁体字 過

🔊 Track 048

単語／表現

動 经过 jīng guò （通過する、経る）

動 过节 guò jié （祝日を祝う）

動 过来 guò lai （やって来る）

動 过瘾 guò yǐn （堪能する、満足する）

例文

- 我吃过饭了。 wǒ chī guo fàn le （ご飯はもう食べた。）

- 你什么时候过来？ nǐ shén me shí hou guò lai （いつ来る？）

- 这个已经过期了。 zhè ge yǐ jīng guò qī le （これはもう賞味期限切れだ。）

- 过去的事情就不说了。 guò qu de shì qing jiù bù shuō le （過ぎたことはもう忘れよう。）

第1章 ギョーザ編

zǐ

子

日本漢字 子　繁体字 子

🔊 Track **049**

単語／表現

名 孩子 (子ども)
hái zi

名 母子 (親子（母と子）)
mǔ zǐ

名 儿子 (息子)
ér zi

名 日子 (日、期日、暮らし)
rì zi

例文

- 这孩子真乖。(この子は本当にお利口だ。)
zhè hái zi zhēnguāi

- 我肚子有点痛。(ちょっとお腹が痛い。)
wǒ dù zi yǒu diǎntòng

- 一下子没认出你来。(すぐに君だとはわからなかったよ。)
yí xià zi méi rèn chū nǐ lái

- 这条裙子太短了。(このスカートは短すぎる。)
zhè tiáo qún zi tài duǎn le

shuō yuè shuì

说

日本漢字 説　繁体字 說

🔊 Track **050**

単語／表現

動 说话 (話をする、ものを言う)
shuō huà

動 听说 (〜だそうだ、〜と聞いている)
tīng shuō

動 说明 (説明する、証明している)
shuōmíng

動 说服 (説得する)
shuō fú

例文

- 说说你的想法。(あなたの考えを言ってみて。)
shuōshuo nǐ de xiǎng fa

- 听说你搬家了?(引っ越したんだって?)
tīngshuō nǐ bān jiā le

- 我平时喜欢看小说。(普段はよく小説を読んでいる。)
wǒ píng shí xǐ huan kàn xiǎoshuō

- 我朋友说这部电影很好看。(友達がこの映画すごく面白いって言ってた。)
wǒ péng you shuō zhè bù diànyǐng hěn hǎo kàn

chǎn

产

日本漢字 産　繁体字 産

◀)) Track **051**

単語／表現

名 **产品** chǎn pǐn （生産品、製品）

動 **产生** chǎnshēng （発生する、生じる）

名 **特产** tè chǎn （特産物）

名 **财产** cái chǎn （財産）

例文

- **产生误会了。** chǎnshēng wù huì le （誤解が生じた。）

- **产量上升了。** chǎnliàngshàngshēng le （生産高が増加した。）

- **这个是哪里产的?** zhè ge shì nǎ li chǎn de （これはどこ産のもの?）

- **产后恢复很重要。** chǎnhòu huī fù hěnzhòngyào （産後の回復はとても重要だ。）

zhǒng zhòng chóng

种

日本漢字 種　繁体字 種

◀)) Track **052**

単語／表現

名 **种类** zhǒng lèi （種類、品種）

代 **各种** gè zhǒng （各種の、さまざまな）

名 **种子** zhǒng zi （種、種子）

動 **种地** zhòng dì （耕作する）

例文

- **一共有五种颜色。** yí gòngyǒu wǔ zhǒngyán sè （全部で5色ある。）

- **谦虚是一种美德。** qiān xū shì yì zhǒngměi dé （謙虚は一種の美徳である。）

- **我在院子种了一棵树。** wǒ zài yuàn zi zhòng le yì kē shù （庭に木を1本植えた。）

- **他不是你想象的那种人。** tā bú shì nǐ xiǎng xiàng de nà zhǒngrén （彼はあなたが思っているような人じゃない。）

051

miàn

面

日本漢字 面　繁体字 面、麺

🔊 Track **053**

単語／表現

名 **前面** qiánmiàn （前、前方）

動 **面对** miàn duì （直面する）

名 **面包** miàn bāo （パン）

名 **面子** miàn zi （メンツ、体面）

例文

- 他坐在我前面。 tā zuò zài wǒ qiánmiàn （彼は私の前に座っている。）
- 人都爱面子。 rén dōu ài miàn zi （人はみんなメンツを気にする。）
- 面对现实吧。 miàn duì xiàn shí ba （現実と向き合おう。）
- 我每天早上都吃面包。 wǒ měi tiān zǎo shang dōu chī miàn bāo （私は毎朝パンを食べる。）

052

ér

而

日本漢字 而　繁体字 而

🔊 Track **054**

単語／表現

接 **而且** ér qiě （しかも、かつ）

助 **而已** ér yǐ （〜にすぎない）

接 **然而** rán ér （けれども、しかし）

例文

- 大而甜的草莓。 dà ér tián de cǎo méi （大きくて甘いいちご。）
- 我只是开玩笑而已。 wǒ zhǐ shì kāi wán xiào ér yǐ （ただの冗談だよ。）
- 她不但漂亮，而且还聪明。 tā bú dàn piàoliang ér qiě hái cōngming （彼女はキレイなだけでなく、賢い。）
- 说多了反而没效果。 shuō duō le fǎn ér méi xiào guǒ （言い過ぎは逆に効果がない。）

053 fāng

方

| 日本漢字 | 方 | 繁体字 | 方 |

🔊 Track **055**

単語／表現

名 **方法** fāng fǎ （方法）

名 **方向** fāngxiàng （方向、方角）

形 **大方** dà fang （気前がよい）

名 **北方** běi fāng （北、北の方）

例文

- **这是个好方法。** zhè shì ge hǎo fāng fǎ （これは良い方法だ。）
- **我是北方人。** wǒ shì běi fāng rén （私は北の出身だ。）
- **你真大方。** nǐ zhēn dà fang （本当に気前がいいね。）
- **我们换个地方说话。** wǒ men huàn ge dì fang shuō huà （場所をかえて話そう。）

054 hòu

后

| 日本漢字 | 後 | 繁体字 | 後 |

🔊 Track **056**

単語／表現

副 **后来** hòu lái （その後、それから）

方 **后面** hòu miàn （後ろ、後方）

方 **以后** yǐ hòu （今後、以後）

副 **然后** rán hòu （それから、そのうえで）

例文

- **然后呢?** rán hòu ne （それで?）
- **我们后天见!** wǒ men hòu tiān jiàn （明後日会おう!）
- **后来发生了什么?** hòu lái fā shēng le shén me （その後何が起きたの?）
- **我长大以后想当律师。** wǒ zhǎng dà yǐ hòu xiǎng dāng lǜ shī （大きくなったら弁護士になりたい。）

055 duō

多

| 日本漢字 | 多 | 繁体字 | 多 |

🔊 Track 057

単語／表現

副 **多少** duōshao （いくら、どれほど）

代 **多久** duō jiǔ （(時間が) どれくらい）

形 **许多** xǔ duō （(数量が) 多い、たくさん）

例文

- **你今年多大了？** nǐ jīn nián duō dà le （今年いくつになる？）

- **还要多久？** hái yào duō jiǔ （(時間は) あとどのくらいかかる？）

- **我有很多朋友。** wǒ yǒu hěn duō péng you （私は友達がたくさんいる。）

- **多谢你的帮助。** duō xiè nǐ de bāng zhù （助けてくれてありがとう。）

056 dìng

定

| 日本漢字 | 定 | 繁体字 | 定 |

🔊 Track 058

単語／表現

副 形 **一定** yí dìng （絶対に、必ず／一定の）

動 名 **决定** jué dìng （決定する／決定）

形 **安定** ān dìng （安定している）

動 名 **规定** guī dìng （規定する／決まり）

例文

- **一言为定！** yì yán wéi dìng （(四字熟語) 約束だよ！）

- **这道菜一定很好吃。** zhè dào cài yí dìng hěn hǎo chī （この料理は絶対美味しい。）

- **他的工作很稳定。** tā de gōng zuò hěn wěn dìng （彼の仕事はとても安定している。）

- **那我们就定好下周日见。** nà wǒ men jiù dìng hǎo xià zhōu rì jiàn （じゃあ来週日曜に会うので決まりだね。）

xíng háng hàng héng

日本漢字 行　**繁体字** 行

🔊 Track
059

単語／表現

xíng dòng
動 **行动** (行動する、活動する)

xíng li
名 **行李** (荷物)

yín háng
名 **银行** (銀行)

háng yè
名 **行业** (職種、業種)

例文

wǒ dōu xíng
• **我都行。** (私はなんでもいいよ。)

zhè yàng xíng bu xíng
• **这样行不行?** (こうするのはどう?)

wǒ xià wǔ yào qù yín háng
• **我下午要去银行。** (午後に銀行に行かないと。)

nǐ shì zuò shén me háng yè de
• **你是做什么行业的?** (どんな仕事をしてるの?)

---

xué

日本漢字 学　**繁体字** 學

🔊 Track
060

単語／表現

xué xiào
名 **学校** (学校)

xué xí
動 **学习** (学習する、勉強する)

fàng xué
動 **放学** (学校が終わる、授業が終わる)

liú xué
動 **留学** (留学する)

例文

wǒ zài xué xí zhōngwén
• **我在学习中文。** (私は中国語を勉強している。)

wǒ xué huì kāi chē le
• **我学会开车了。** (車の運転ができるようになった。)

tā shì wǒ de xiǎo xué tóng xué
• **她是我的小学同学。** (彼女は小学校の同級生だ。)

huó dào lǎo xué dào lǎo
• **活到老学到老。** ((ことわざ) 学問に終わりはなく、生涯学び続ける。)

059

fǎ

日本漢字 法　繁体字 法

🔊 Track **061**

単語／表現

bàn fǎ
名 **办法**（方法、手段）

fǎ lǜ
名 **法律**（法律）

xiǎng fǎ
名 **想法**（考え、考え方）

fǎ guó
名 **法国**（フランス）

例文

kuài xiǎng xiang bàn fǎ
- **快想想办法。**（はやく方法を考えて。）

yǒu shén me hǎo fāng fǎ ma
- **有什么好方法吗?**（何かいい方法はある?）

wǒ cóng lái méi yǒu qù guo fǎ guó
- **我从来没有去过法国。**（フランスには行ったことがない。）

nǐ néng jiāo wǒ yí xià zhè ge yǔ fǎ ma
- **你能教我一下这个语法吗?**（この文法教えてくれない?）

060

suǒ

所

日本漢字 所　繁体字 所

🔊 Track **062**

単語／表現

suǒ yǐ
接 **所以**（だから、したがって）

suǒ yǒu
形 動 **所有**（すべての／所有する）

chǎng suǒ
名 **场所**（場所、ところ）

pài chū suǒ
名 **派出所**（派出所）

例文

wú suǒ wèi
- **无所谓。**（かまわないよ。）

wǒ gāng chī fàn suǒ yǐ bú è
- **我刚吃饭，所以不饿。**（ご飯食べたばかりだから、お腹空いてない。）

zhè shì yì suǒ yǒu míng de dà xué
- **这是一所有名的大学。**（ここは有名な大学だ。）

zài gōng gòng chǎng suǒ yào ān jìng
- **在公共场所要安静。**（公共の場では静かに。）

…… 中国語の動詞って意外な使い方、多くない？

たとえば「打」とかは使い方が幅広いよね。……

 …… そうそう！　セットになることが多い名詞も一緒に覚えておきたい。

じゃあ、よく使う1文字の動詞を使い方と一緒に見てみよう！ ……

◆) Track **063**

看	**看书、看电视、看手机、看风景、看情况**
kàn	kàn shū、kàn diàn shì、kàn shǒu jī、kàn fēng jǐng、kàn qíng kuàng
見る	本を読む、テレビを見る、携帯を見る、景色を見る、様子を見る

听	**听音乐、听广播、听话、听说、听写**
tīng	tīng yīn yuè、tīng guǎng bō、tīng huà、tīng shuō、tīng xiě
聞く	音楽を聴く、ラジオを聞く、言うことを聞く、～だそうだ、書き取りをする

吃	**吃饭、吃糖、吃药、吃力、吃零食**
chī	chī fàn、chī táng、chī yào、chī lì、chī líng shí
食べる	ご飯を食べる、あめを食べる、薬を飲む、苦労する、おやつを食べる

喝	**喝水、喝酒、喝汤、喝咖啡**
hē	hē shuǐ、hē jiǔ、hē tāng、hē kā fēi
飲む	水を飲む、お酒を飲む、スープを飲む、コーヒーを飲む

打	打网球、打电话、打草稿、打雷、打主意
dǎ	dǎ wǎng qiú、dǎ diàn huà、dǎ cǎo gǎo、dǎ léi、dǎ zhǔ yi
打つ、たたく	テニスをする、電話をかける、下書きをする、雷が鳴る、対策を練る

写	写字、写信、写作业、写论文、写报告
xiě	xiě zì、xiě xìn、xiě zuò yè、xiě lùn wén、xiě bào gào
書く	字を書く、手紙を書く、宿題をする、論文を書く、レポートを書く

说	说话、说唱、说书、说大话、说闲话
shuō	shuō huà、shuō chàng、shuō shū、shuō dà huà、shuō xián huà
言う、話す	話をする、ラップをする、講談を語る、大口をたたく、むだ口をたたく

拍	拍照片、拍视频、拍手、拍卖、拍电影
pāi	pāi zhào piàn、pāi shì pín、pāi shǒu、pāi mài、pāi diàn yǐng
たたく、撮る	写真を撮る、動画を撮る、拍手する、競売する、映画を撮る

做	做饭、做作业、做事情、做生意、做工作
zuò	zuò fàn、zuò zuò yè、zuò shì qing、zuò shēng yi、zuò gōng zuò
作る	ご飯を作る、宿題をする、用事を済ます、商売をする、仕事をする

上	上班、上车、上楼、上药、上色、上闹钟
shàng	shàng bān、shàng chē、shàng lóu、shàng yào、shàng shǎi、shàng nào zhōng
上がる、乗る	出勤する、車に乗る、2階に上がる、薬をつける、色を塗る、目覚まし時計をかける

061

mín

民

Track 064

日本漢字 民　繁体字 民

単語／表現

rén mín
名 **人民**（人民、国民）

nóng mín
名 **农民**（農民）

mín zú
名 **民族**（民族）

jū mín
名 **居民**（居住民、住民）

例文

wǒ shì zhè li de jū mín
- **我是这里的居民。**（私はここの住民だ。）

zhè li de mín zú wén huà hěn nóng yù
- **这里的民族文化很浓郁。**（ここの民族文化はとても趣深い。）

wǒ xǐ huan tīng mín jiān gù shi
- **我喜欢听民间故事。**（私は民話を聞くのが好きだ。）

rì běn shì mín zhǔ zhǔ yì guó jiā
- **日本是民主主义国家。**（日本は民主主義の国だ。）

062

dé de děi

得

Track 065

日本漢字 得　繁体字 得

単語／表現

dé dào
動 **得到**（得る、手に入れる）

xīn dé
名 **心得**（(仕事や学習で得た) 収穫、会得したもの）

jué de
動 **觉得**（〜と思う、感じる）

shě de
動 **舍得**（惜しまない）

例文

hái zi men wán de hěn kāi xīn
- **孩子们玩得很开心。**（子ども達が楽しく遊んでいる。）

wǒ jué de hěn yǒu yì si
- **我觉得很有意思。**（私はとても面白いと思う。）

wǒ bù shě de gēn nǐ fēn kāi
- **我不舍得跟你分开。**（あなたと離れがたい。）

nǐ chàng gē chàng de zhēn hǎo tīng
- **你唱歌唱得真好听。**（本当に歌が上手いね。）

063

jīng jìng

日本漢字 経　繁体字 經

🔊 Track **066**

単語／表現

動 经过 jīng guò （通過する、経る）

副 经常 jīng cháng （いつも、しょっちゅう）

副 已经 yǐ jīng （すでに、もう）

名 動 经验 jīng yàn （経験／経験する）

例文

- 他经常迟到。 tā jīng cháng chí dào （彼はしょっちゅう遅刻する。）

- 我已经到家了。 wǒ yǐ jīng dào jiā le （もう家に着いた。）

- 她的工作经验很丰富。 tā de gōng zuò jīng yàn hěn fēng fù （彼女は仕事の経験が豊富だ。）

- 经过多年的努力，我终于达成目标了。 jīng guò duō nián de nǔ lì wǒ zhōng yú dá chéng mù biāo le （長年の努力を経て、ついに目標を達成した。）

064

shí

日本漢字 十　繁体字 十

🔊 Track **067**

単語／表現

名 十年 shí nián （10年）

名 十八 shí bā （18）

名 五十 wǔ shí （50）

表 十全十美 shí quán shí měi （完璧である、非の打ち所がない）

例文

- 十分感谢。 shí fēn gǎn xiè （本当にありがとうございます。）

- 我今年十八岁了。 wǒ jīn nián shí bā suì le （今年で18歳になる。）

- 今天是十月十六号。 jīn tiān shì shí yuè shí liù hào （今日は10月16日だ。）

- 世界上没有十全十美的人。 shì jiè shàng méi yǒu shí quán shí měi de rén （この世に完璧な人はいない。）

sān

| 日本漢字 | 三 | 繁体字 | 三 |

単語／表現

名 三点 sān diǎn （3時）

副 再三 zài sān （再三、何度も）

名 三角形 sān jiǎo xíng （三角形）

表 三心二意 sān xīn èr yì （決心がつかずためらう、優柔不断）

例文

- 快三点了。 kuài sān diǎn le （もうすぐ3時になる。）
- 我有三个孩子。 wǒ yǒu sān ge hái zi （私は子どもが3人いる。）
- 我今年上大三。 wǒ jīn nián shàng dà sān （私は今年大学3年生になる。）
- 做事不要三心二意。 zuò shì bú yào sān xīn èr yì （何をするにも優柔不断ではいけない。）

066

zhī

◀) Track 069

| 日本漢字 | 之 | 繁体字 | 之 |

単語／表現

方 之后 zhī hòu （～ののち、～して以後）

名 之一 zhī yī （～の一つ）

接 总之 zǒng zhī （要するに、とにかく）

表 求之不得 qiú zhī bù dé （願ってもない）

例文

- 之后他一直没来过。 zhī hòu tā yì zhí méi lái guo （その後、彼は一度も来なかった。）
- 总之我不同意。 zǒng zhī wǒ bù tóng yì （とにかく私は反対だ。）
- 这件事之后再说吧。 zhè jiàn shì zhī hòu zài shuō ba （この件はまた今度話そう。）
- 你好自为之吧。 nǐ hǎo zì wéi zhī ba （自分の力で頑張りなさい。）

067

jìn

进

| 日本漢字 | 進 | 繁体字 | 進 |

🔊 Track **070**

単語／表現

動 名 **进出** jìn chū （出入りする／収支）

動 **进步** jìn bù （進歩する）

動 **进口** jìn kǒu （輸入する）

形 **先进** xiān jìn （進んでいる、先進的である）

例文

- **进来吧。** jìn lái ba （入って来て。）

- **一切照常进行。** yí qiè zhàocháng jìn xíng （すべていつも通り行う。）

- **他的进步很大。** tā de jìn bù hěn dà （彼はとても進歩した。）

- **这个产品是日本进口的。** zhè ge chǎn pǐn shì rì běn jìn kǒu de （この商品は日本からの輸入品だ。）

068

zhe zhuó zháo zhāo

着

| 日本漢字 | 着 | 繁体字 | 著 |

🔊 Track **071**

単語／表現

動 接 **跟着** gēn zhe （つき従う／引き続いて）

形 **沉着** chénzhuó （落ち着いている）

動 **着急** zháo jí （焦る、いらいらする）

名 **绝着** jué zhāo （奥の手、必殺技）

例文

- **别着急。** bié zháo jí （焦らないで。）

- **看着办吧。** kàn zhe bàn ba （様子を見てやろう。）

- **不要太执着。** bú yào tài zhí zhuó （あまり執着しすぎないで。）

- **我不小心睡着了。** wǒ bù xiǎo xīn shuìzháo le （うっかり寝てしまった。）

děng

等

日本漢字 等　繁体字 等

単語／表現

děng dài
動 **等待** （待つ、待機する）

děng yú
動 **等于** （〜に等しい）

děng hòu
動 **等候** （待つ）

děng jí
名 **等级** （等級、ランク）

例文

qǐngshāoděng
• **请稍等。** （少々お待ちください。）

děng wǒ yí huìr
• **等我一会儿。** （ちょっと待ってて。）

yī jiā yī děng yú èr
• **一加一等于二。** （1足す1は2）

zhè shì shàngděng de hǎo jiǔ
• **这是上等的好酒。** （これは高級な良いお酒だ。）

bù

部

日本漢字 部　繁体字 部

単語／表現

quán bù
名 **全部** （全部、すべて）

bù fen
名 **部分** （部分、一部）

fù bù
名 **腹部** （腹部）

jù lè bù
名 **俱乐部** （クラブ）

例文

zhè shì yí bù hǎo diànyǐng
• **这是一部好电影。** （これはいい映画だ。）

wǒ xǐ huan zhè bù chē zi
• **我喜欢这部车子。** （私はこの車が好きだ。）

nǐ shì nǎ ge bù mén de
• **你是哪个部门的？** （あなたはどこの部門の方?）

bǎ nèi róngquán bù jì lù xià lái
• **把内容全部记录下来。** （内容を全部記録しておく。）

071

dù

度

日本漢字 度　繁体字 度

◀) Track **074**

単語／表現

名 **进度** jìn dù （進度、進捗状態）

名 **温度** wēn dù （温度）

動 **度假** dù jià （休日を過ごす）

動 **度过** dù guò （(時間・休暇を) 過ごす）

例文

- **进度怎么样?** jìn dù zěn me yàng （進捗はどう?）

- **我要去法国度假。** wǒ yào qù fǎ guó dù jià （フランスで休暇を過ごすつもりだ。）

- **他的眼镜度数很高。** tā de yǎn jìng dù shù hěn gāo （彼のメガネは度数が高い。）

- **我们需要从不同角度看问题。** wǒ men xū yào cóng bù tóng jiǎo dù kàn wèn tí （違う角度から問題を見ないといけない。）

072

jiā jie

家

日本漢字 家　繁体字 家

◀) Track **075**

単語／表現

名 **大家** dà jiā （みんな、みなさん）

動 **回家** huí jiā （家に帰る）

名 **家人** jiā rén （家族）

名 **家长** jiā zhǎng （保護者、家長）

例文

- **大家好!** dà jiā hǎo （皆さん、こんにちは!）

- **我先回家了。** wǒ xiān huí jiā le （先に家に帰るね。）

- **你家住在哪里?** nǐ jiā zhù zài nǎ li （どこに住んでるの?）

- **我最喜欢这家餐厅。** wǒ zuì xǐ huan zhè jiā cān tīng （このレストランが一番好き。）

073

dià n

电

日本漢字 電　繁体字 電

単語／表現

- dià n huà
  名 **电话** （電話）
- dià nyǐng
  名 **电影** （映画）
- dià n chí
  名 **电池** （電池）
- dià n tī
  名 **电梯** （エレベーター）

例文

- wǒ de shǒu jī méidià n le
  我的手机没电了。 （携帯の充電がなくなった。）
- wǒ wǎnshang yào qù kàn dià nyǐng
  我晚上要去看电影。 （夜は映画を見に行く。）
- zhè li yǒudià n tī ma
  这里有电梯吗? （ここエレベーターある?）
- wǒ wǎnshang gěi nǐ dǎ dià n huà
  我晚上给你打电话。 （夜電話するね。）

074

lì

力

日本漢字 力　繁体字 力

単語／表現

- lì qi
  名 **力气** （力）
- néng lì
  名 **能力** （能力）
- yā lì
  名 **压力** （プレッシャー、ストレス）
- huó lì
  名 **活力** （活力、精力）

例文

- wǒ huì jìn lì de
  我会尽力的。 （全力を尽くすよ。）
- jiān chí jiù shì lì liang
  坚持就是力量。 （継続は力なり。）
- wǒ yuè lái yuè méi tǐ lì le
  我越来越没体力了。 （どんどん体力がなくなってきた。）
- zuì jìn gōngzuò yā lì hěn dà
  最近工作压力很大。 （最近仕事のストレスが大きい。）

075

lǐ

里

日本漢字 裏　繁体字 裡

単語／表現

代 这里 zhè li （ここ）

名 家里 jiā li （家、家庭）

名 里面 lǐ miàn （中、内側）

代 哪里 nǎ li （どこ）

例文

- 我在里面。 wǒ zài lǐ miàn （中にいるよ。）
- 你在哪里？ nǐ zài nǎ li （どこにいる?）
- 她不在家里。 tā bú zài jiā li （彼女は家にいない。）
- 冰箱里空空的。 bīngxiāng li kōngkōng de （冷蔵庫が空っぽだ。）

076

rú

如

日本漢字 如　繁体字 如

Track 079

単語／表現

接 如果 rú guǒ （もしも）

代 如何 rú hé （どのように、いかに）

接 比如 bǐ rú （たとえば）

接 假如 jiǎ rú （仮に～とすれば、もしも～なら）

例文

- 比如说呢？ bǐ rú shuō ne （例えば?）
- 如果下雨就算了。 rú guǒ xià yǔ jiù suàn le （もし雨が降ったらやめておこう。）
- 假如是你，你会怎么做？ jiǎ rú shì nǐ nǐ huì zěn me zuò （もしあなただったらどうする?）
- 真是百闻不如一见啊！ zhēn shi bǎi wén bù rú yí jiàn a （まさに百聞は一見に如かずだなあ!）

shuǐ

水

日本漢字 水　繁体字 水

単語／表現

名 水果 (果物) shuǐ guǒ

動 喝水 (水を飲む) hē shuǐ

名 口水 (よだれ) kǒu shuǐ

名 香水 (香水) xiāng shuǐ

例文

- 多喝点水! (水をたくさん飲んで!) duō hē diǎn shuǐ

- 我要去交水费。 (水道代を払いに行かないと。) wǒ yào qù jiāo shuǐ fèi

- 你喜欢吃什么水果? (何の果物が好き?) nǐ xǐ huan chī shén me shuǐ guǒ

- 我很少用香水。 (私は香水をめったに使わない。) wǒ hěn shǎo yòng xiāng shuǐ

huà huā

化

日本漢字 化　繁体字 化

単語／表現

名 化学 (化学) huà xué

名 化妆 (化粧) huà zhuāng

名 文化 (文化) wén huà

名 化肥 (化学肥料) huà féi

例文

- 我最喜欢上化学课。 (化学の授業が一番好き。) wǒ zuì xǐ huanshàng huà xué kè

- 我还没化妆呢。 (まだ化粧してないよ。) wǒ hái méi huà zhuāng ne

- 伤口化脓了。 (傷口が膿んだ。) shāng kǒu huà nóng le

- 这里的变化好大啊! (ここずいぶん変わったなあ!) zhè li de biàn huà hǎo dà a

079

gāo

日本漢字 高 　繁体字 高

🔊 Track **082**

単語／表現

形 動 **高兴** gāo xìng （嬉しい／喜ぶ）

名 **高中** gāo zhōng （高校）

名 **高手** gāo shǒu （達人、名手）

形 **高级** gāo jí （高級な、上等である）

例文

- **我是高中生。** wǒ shì gāo zhōngshēng （私は高校生だ。）
- **你个子真高。** nǐ gè zi zhēn gāo （本当に背が高いね。）
- **我有恐高症。** wǒ yǒu kǒng gāo zhèng （私は高所恐怖症だ。）
- **认识你很高兴。** rèn shi nǐ hěn gāo xìng （お会いできて嬉しいです。）

080

zì

日本漢字 自 　繁体字 自

🔊 Track **083**

単語／表現

名 **自己** zì jǐ （自分）

形 **自私** zì sī （利己的である、わがままな）

動 **来自** lái zì （～から来る）

名 **自行车** zì xíng chē （自転車）

例文

- **我来自日本东京。** wǒ lái zì rì běn dōng jīng （日本の東京から来ました。）
- **我是自由职业者。** wǒ shì zì yóu zhí yè zhě （私はフリーランスだ。）
- **他太自私了。** tā tài zì sī le （彼は身勝手すぎる。）
- **这是我亲自做的菜。** zhè shì wǒ qīn zì zuò de cài （これは私の手作り料理だ。）

コラム ④ 日中同じ漢字で意味が違う単語①

　日本語と中国語といえば、漢字という共通点が大きい。

　学習には有利だけど、逆に混乱することもあるよね。

　同じ漢字なのに全く意味が違う言葉とかね！

　発見するとちょっとテンションあがる(笑)

 Track 084

日本語	中国語	例文
湯	汤	这个汤真好喝。
	tāng	zhè ge tāng zhēn hǎo hē
	スープ	このスープは本当に美味しい。
床	床	我买了一张新床。
	chuáng	wǒ mǎi le yì zhāng xīn chuáng
	ベッド	新しいベッドを1台買った。
猪	猪	我喜欢吃猪肉。
	zhū	wǒ xǐ huan chī zhū ròu
	豚	私は豚肉が好きです。
愛人	爱人	她是我爱人。
	ài ren	tā shì wǒ ài ren
	配偶者	彼女は私の妻です。

新聞	新闻	我每天早上都看新闻。
	xīn wén	wǒ měi tiān zǎo shàng dōu kàn xīn wén
	ニュース	私は毎日ニュースを見る。
作業	作业	今天有很多作业。
	zuò yè	jīn tiān yǒu hěn duō zuò yè
	宿題	今日は宿題が多い。
勉強	勉强	不愿意就别勉强。
	miǎn qiǎng	bú yuàn yì jiù bié miǎn qiǎng
	強制する	やりたくないなら無理にやらなくていいよ。
女装	女装	女装在哪里?
	nǚ zhuāng	nǚ zhuāng zài nǎ li
	婦人服	婦人服売り場はどこですか?
用意	用意	你有什么用意?
	yòng yì	nǐ yǒu shén me yòng yì
	意図	どんなねらいがあるの?
前年	前年	我们前年认识的。
	qián nián	wǒ men qián nián rèn shi de
	一昨年	私たちは一昨年知り合った。
手紙	手纸	我忘买手纸了。
	shǒu zhǐ	wǒ wàng mǎi shǒu zhǐ le
	トイレットペーパー	トイレットペーパーを買い忘れた。

081

èr

二

日本漢字 二　繁体字 二

◀) Track **085**

単語／表現

数 **十二** shí èr （12）

名 **二楼** èr lóu （2階）

名 **第二名** dì èr míng （第2位）

表 **三心二意** sān xīn èr yì （決心がつかずにためらうこと、優柔不断）

例文

- **我在二楼等你。** wǒ zài èr lóu děng nǐ （2階で待ってるね。）

- **现在是一点二十分。** xiàn zài shì yī diǎn èr shí fēn （今は1時20分だ。）

- **我得了第二名。** wǒ dé le dì èr míng （2位になった。）

- **上课不要三心二意。** shàng kè bú yào sān xīn èr yì （授業中は注意散漫にならないように。）

082

lǐ

理

日本漢字 理　繁体字 理

◀) Track **086**

単語／表現

名 **道理** dào li （道理、筋道、理由）

名 **理想** lǐ xiǎng （理想）

動 **整理** zhěng lǐ （整理する）

名 **理由** lǐ yóu （理由、わけ）

例文

- **我不理你了！** wǒ bù lǐ nǐ le （もう知らない！（もうかまってられない！））

- **我在整理房间。** wǒ zài zhěng lǐ fáng jiān （部屋を片付けている。）

- **我理解你的心情。** wǒ lǐ jiě nǐ de xīn qíng （（あなたの）気持ちわかるよ。）

- **你真不讲道理！** nǐ zhēn bù jiǎng dào li （本当に理不尽だね！）

第1章　ギョーザ編

083 qǐ

日本漢字 起　繁体字 起

🔊 Track 087

単語／表現

動 **起床** qǐ chuáng （起床する）

名 **起点** qǐ diǎn （起点、始まり）

副 **一起** yì qǐ （一緒に）

表 **对不起** duì bu qǐ （すまないと思う、ごめん）

例文

- **她还没起床。** tā hái méi qǐ chuáng （彼女はまだ起きていない。）

- **我从今天起减肥。** wǒ cóng jīn tiān qǐ jiǎn féi （今日からダイエットする。）

- **看起来很好吃。** kàn qi lai hěn hǎo chī （おいしそうだ。）

- **我记不起他的名字了。** wǒ jì bù qǐ tā de míng zì le （彼の名前を思い出せない。）

084 xiǎo

日本漢字 小　繁体字 小

🔊 Track 088

単語／表現

動 **小心** xiǎo xīn （注意する、気をつける）

名 **小孩** xiǎo hái （子ども）

名 **小时** xiǎo shí （(時間を数える単位) 時間）

名 **大小** dà xiǎo （大きさ）

例文

- **小心！** xiǎo xīn （気をつけて！（意訳：危ない！））

- **我喜欢看小说。** wǒ xǐ huan kàn xiǎoshuō （私は小説を読むのが好きだ。）

- **我们一个小时后见面。** wǒ men yí ge xiǎo shí hòu jiàn miàn （1時間後に会おう。）

- **我从小就喜欢踢足球。** wǒ cóngxiǎo jiù xǐ huan tī zú qiú （私は小さい頃からサッカーをするのが好きだ。）

wù

物

日本漢字 物　繁体字 物

🔊 Track 089

単語／表現

名 **动物** dòng wù （動物）

名 **礼物** lǐ wù （プレゼント）

動 **购物** gòu wù （買い物をする）

名 **物品** wù pǐn （物品、品物）

例文

- **我喜欢购物。** wǒ xǐ huan gòu wù （私は買い物が好きだ。）

- **你最喜欢什么动物？** nǐ zuì xǐ huan shén me dòng wù （一番好きな動物は？）

- **我收到了很多生日礼物。** wǒ shōu dào le hěn duō shēng rì lǐ wù （誕生日プレゼントをたくさんもらった。）

- **物品已经送到目的地了。** wù pǐn yǐ jīng sòng dào mù dì dì le （品物はもう目的地に届いた。）

---

xiàn

现

日本漢字 現　繁体字 現

🔊 Track 090

単語／表現

名 **现在** xiàn zài （今、現在）

名 **现实** xiàn shí （現実）

動 **发现** fā xiàn （発見する、気づく）

動 名 **表现** biǎo xiàn （表現する、示す／態度）

例文

- **现在几点？** xiàn zài jǐ diǎn （今何時？）

- **好好表现！** hǎo hǎo biǎo xiàn （良いところ見せてきな！）

- **你发现了什么？** nǐ fā xiàn le shén me （何を見つけたの?、何に気づいたの?）

- **我们现做现吃吧。** wǒ men xiàn zuò xiàn chī ba （今から作って食べよう（作りたてを食べよう）。）

shí

日本漢字 実　繁体字 實

◀》Track 091

単語／表現

副 **shí zài 实在**（本物の、確かに、本当に）

名 **shí lì 实力**（実力）

名 **shì shí 事实**（事実）

副 **qí shí 其实**（実は、実際には）

例文

- **shuō shí huà 说实话!**（正直に言って!）
- **wǒ shí zài shòu bu liǎo le 我实在受不了了。**（もう本当に我慢できない。）
- **qí shí wǒ yǐ jīng zhī dào le 其实我已经知道了。**（実はもう知ってるんだ。）
- **tā shì kào shí lì chénggōng de 他是靠实力成功的。**（彼は実力で成功した。）

jiā

加

日本漢字 加　繁体字 加

◀》Track 092

単語／表現

動 **jiā yóu 加油**（頑張る、給油する）

動 **jiā bān 加班**（残業する）

動 **cān jiā 参加**（参加する）

副 **gèng jiā 更加**（ますます、なおいっそう）

例文

- **jiā yóu 加油!**（頑張れ!）
- **yào bu yào jiā táng 要不要加糖?**（砂糖入れる?）
- **wǒ men jiā ge wēi xìn ba 我们加个微信吧。**（WeChat交換しよう。）
- **jīn nián xià tiān bǐ qù nián gèng jiā rè 今年夏天比去年更加热。**（今年の夏は去年よりもっと暑い。）

liàng liáng

日本漢字 量　繁体字 量

◀)) Track 093

単語／表現

名 **重量** zhòngliàng（重量、重さ）

副 **尽量** jìn liàng（できるだけ、極力（※口語読み））

名 **热量** rè liàng（カロリー）

動 **测量** cè liáng（測量する、測定する）

例文

- **我尽量吧。** wǒ jìn liàng ba（できるだけのことはするよ。）

- **我每天都量体重。** wǒ měi tiān dōu liáng tǐ zhòng（私は毎日体重を計る。）

- **这个热量高吗?** zhè ge rè liàng gāo ma（これカロリー高い?）

- **先测量一下尺寸** xiān cè liáng yí xià chǐ cùn（まずはサイズを測る。）

---

dōu dū

日本漢字 都　繁体字 都

◀)) Track 094

単語／表現

名 **都市** dū shì（都市、都会）

副 **全都** quán dōu（すべて、全部）

名 **都会** dū huì（都会）

名 **首都** shǒu dū（首都）

例文

- **都是我的错。** dōu shì wǒ de cuò（すべて私のミスだ。）

- **我每天都运动。** wǒ měi tiān dōu yùn dòng（私は毎日運動する。）

- **今天一点都不冷。** jīn tiān yì diǎn dōu bù lěng（今日は全然寒くない。）

- **日本的首都是东京。** rì běn de shǒu dū shì dōng jīng（日本の首都は東京だ。）

091

liǎng

两

日本漢字 両　繁体字 兩

単語／表現

数 两个 liǎng ge（2つ）

名 两旁 liǎngpáng（両側）

名 两年 liǎngnián（2年）

名 小两口 xiǎoliǎng kǒu（若夫婦）

例文

- 下午两点开会。 xià wǔ liǎngdiǎn kāi huì（午後2時に会議がある。）
- 我有两个孩子。 wǒ yǒu liǎng ge hái zi（私は子どもが2人いる。）
- 我家是两室一厅。 wǒ jiā shì liǎng shì yì tīng（私の家は2LDKだ。）
- 我们有两年多没见面了。 wǒ men yǒu liǎngnián duō méi jiàn miàn le（私たちは2年以上会ってない。）

092

tǐ tī

体

日本漢字 体　繁体字 體

単語／表現

名 体育 tǐ yù（体育、スポーツ）

動 体贴 tǐ tiē（思いやる、気を遣う）

名 身体 shēn tǐ（身体）

形 体己 tǐ ji（ごく親しい）

例文

- 我没有体力。 wǒ méi yǒu tǐ lì（私は体力がない。）
- 我最喜欢体育课。 wǒ zuì xǐ huan tǐ yù kè（私は体育の授業が一番好きだ。）
- 我男朋友很体贴。 wǒ nánpéng you hěn tǐ tiē（私の彼氏はとても思いやりがある。）
- 健康的身体才是最重要的。 jiàn kāng de shēn tǐ cái shì zuì zhòngyào de（健康な身体こそが一番大事だ。）

zhì

制

日本漢字 制　　繁体字 制、製　🔊 Track 097

単語／表現

動 名 **制作** zhì zuò （作る／制作）

名 **制服** zhì fú （制服）

動 **控制** kòng zhì （制御する、コントロールする）

動 **节制** jié zhì （指揮する、制限する）

例文

- 这不是强制的。 zhè bú shì qiáng zhì de （これは強制ではない。）

- 我正在控制饮食。 wǒ zhèng zài kòng zhì yǐn shí （私は食事制限をしているところだ。）

- 这件衣服是中国制的。 zhè jiàn yī fu shì zhōng guó zhì de （この服は中国製だ。）

- 这部电影的制片人是谁? zhè bù diàn yǐng de zhì piàn rén shì shéi （この映画のプロデューサーは誰?）

---

jī

机

日本漢字 機　　繁体字 機　🔊 Track 098

単語／表現

名 **机会** jī huì （機会、チャンス）

名 **机器** jī qì （機械）

名 **飞机** fēi jī （飛行機）

名 **司机** sī jī （運転手）

例文

- 飞机很正点。 fēi jī hěn zhèng diǎn （飛行機は時間通りだ。）

- 他心机很重。 tā xīn jī hěn zhòng （彼はとても計算高い。）

- 这个机会很难得。 zhè ge jī huì hěn nán dé （これは得難いチャンスだ。）

- 你有没有带耳机? nǐ yǒu méi yǒu dài ěr jī （イヤホン持った?）

095

dāng dàng

当

日本漢字 **当**　繁体字 **當**

🔊 Track **099**

単語／表現

形 副 **当然** dāng rán（当然だ／もちろん）

名 **当时** dāng shí（当時、そのとき）

助動 **应当** yīngdāng（〜べきである）

動 **上当** shàngdàng（騙される、罠にはまる）

例文

- **当然了。** dāng rán le（もちろんだよ。）

- **千万别上当了！** qiānwàn bié shàngdàng le（くれぐれも騙されないで!）

- **那我们当天见。** nà wǒ mendāngtiān jiàn（じゃあ当日に会おう。）

- **就当没这么一回事吧。** jiù dāngméi zhè me yì huí shì ba（何もなかったことにしよう。）

096

shǐ

使

日本漢字 **使**　繁体字 **使**

🔊 Track **100**

単語／表現

動 **使用** shǐ yòng（使用する、使う）

動 **使劲** shǐ jìn（力を入れる、力む）

動 **使唤** shǐ huan（人を使う、働かせる）

接 **即使** jí shǐ（たとえ〜としても）

例文

- **你使点儿劲儿！** nǐ shǐ diǎnr jìnr（力を入れて!）

- **这是我的使命。** zhè shì wǒ de shǐ mìng（これは私の使命だ。）

- **这个结果使我很高兴。** zhè ge jié guǒ shǐ wǒ hěn gāo xìng（この結果にとても嬉しくなった。）

- **他讲得很有道理,使我心服口服。** tā jiǎng de hěn yǒu dào li shǐ wǒ xīn fú kǒu fú（彼が言ったことは筋が通っていて、心から納得させられた。）

diǎn

点

日本漢字 点　繁体字 點

🔊 Track **101**

単語／表現

動 **点菜** diǎn cài （料理を注文する）

動 **点头** diǎn tóu （頷く、軽く頭を下げる）

名 **优点** yōu diǎn （長所、メリット）

名 **地点** dì diǎn （地点、場所、位置）

例文

- **快点!** kuàidiǎn （はやく!）

- **早点睡吧。** zǎo diǎnshuì ba （早めに寝てね。）

- **今天想吃点什么?** jīn tiān xiǎng chī diǎnshén me （今日は何が食べたい?）

- **今天一点儿都不热。** jīn tiān yì diǎnr dōu bú rè （今日は全然暑くない。）

cóng

从

日本漢字 從　繁体字 從

🔊 Track **102**

単語／表現

副 **从来** cóng lái （今まで、かつて）

副 **从此** cóng cǐ （これから、ここから）

名 **从前** cóngqián （以前、昔、これまで）

動 **顺从** shùncóng （服従する）

例文

- **我从来没来过这儿。** wǒ cóng lái méi lái guo zhèr （ここには来たことがない。）

- **我从今天开始学习中文。** wǒ cóng jīn tiān kāi shǐ xué xí zhōngwén （私は今日から中国語を勉強する。）

- **我从小就怕虫子。** wǒ cóngxiǎo jiù pà chóng zi （私は小さい頃から虫が苦手だ。）

- **从这里到车站怎么走?** cóng zhè li dào chē zhàn zěn me zǒu （(行き方を尋ねる) ここから駅まで どうやって行くの?）

099 yè

业

日本漢字 業　繁体字 業

単語／表現

形 **业余** yè yú （勤務時間外の、余暇の、アマチュアの）

名 **作业** zuò yè （宿題）

名 **专业** zhuān yè （専攻（学科）、専門の業務）

動 **就业** jiù yè （就職する）

例文

- **我在写作业。** wǒ zài xiě zuò yè （私は宿題をしている。）

- **你是做什么行业的?** nǐ shì zuò shén me háng yè de （何の仕事をしているの?）

- **现在IT专业是个热门专业。** xiàn zài zhuān yè shì ge rè mén zhuān yè （今、IT業界はとてもホットな業界だ。）

- **我业余时间喜欢打高尔夫球。** wǒ yè yú shí jiān xǐ huan dǎ gāo ěr fū qiú （仕事以外の時間はゴルフをするのが好きだ。）

100 běn

本

日本漢字 本　繁体字 本

単語／表現

名 **本子** běn zi （ノート、冊子）

形 **本来** běn lái （本来の、もともと）

名 **本领** běn lǐng （腕前、才能、能力）

名 **书本** shū běn （書物、本）

例文

- **这本书很好看。** zhè běn shū hěn hǎo kàn （この本はとても面白い。）

- **我本来没想来的。** wǒ běn lái méi xiǎng lái de （もともとは来るつもりはなかった。）

- **他根本不理解我。** tā gēn běn bù lǐ jiě wǒ （彼は私のことをまったく理解していない。）

- **我想吃上海的本帮菜。** wǒ xiǎng chī shàng hǎi de běn bāng cài （上海の地元料理が食べたい。）

第 **2** 章

チャーハン編

この章に出てくるのは101位から200位まで。「この漢字はもっと上位なのでは?」と思うような基礎的な漢字もまだまだ登場します。発音とともに単語や例文も覚えていきましょう!

qù

去

日本漢字 去　**繁体字** 去

◀)) Track 105

単語／表現

qù nián
名 **去年**（去年）

chū qù
動 **出去**（出る、出て行く）

huí qù
動 **回去**（帰る、戻る）

guò qu
動 **过去**（向こうへ行く、（時が）過ぎる）

例文

wǒ xiān huí qù le
- **我先回去了。**（先に戻るね。）

yì qǐ qù chī fàn ba
- **一起去吃饭吧。**（一緒にご飯行こう。）

wǒ xiǎng qù běi hǎi dào lǚ yóu
- **我想去北海道旅游。**（北海道に旅行に行きたい。）

wǒ xià bān le yào qù chāo shì mǎi cài
- **我下班了要去超市买菜。**（仕事が終わったらスーパーに買い物に行く。）

---

bǎ bà

把

日本漢字 把　**繁体字** 把

◀)) Track 106

単語／表現

bǎ wò
動 名 **把握**（とらえる、つかむ／自信）

bǎ shǒu
名 **把手**（引き手、取っ手）

sào bǎ
名 **扫把**（箒）

dāo bà
名 **刀把**（刃物の柄）

例文

nǐ yǒu bǎ wò ma
- **你有把握吗?**（自信はある？）

bāng wǒ bǎ mén suǒ shang
- **帮我把门锁上。**（ドアの鍵をかけておいて。）

zhè bǎ jí tā shì nǐ de ma
- **这把吉他是你的吗?**（このギターあなたの？）

wǒ men yīng gāi bǎ huà shuō kāi
- **我们应该把话说开。**（私たちは正直に話し合うべきだ。）

103

xìng

性

日本漢字 性　繁体字 性

🔊 Track **107**

単語／表現

名 **性格** xìng gé （性格）

名 **性別** xìng bié （性別）

名 **记性** jì xing （記憶力、物覚え）

動 **任性** rèn xìng （わがままにふるまう）

例文

- 我记性不好。 wǒ jì xing bù hǎo （私は記憶力が良くない。）

- 他是个急性子。 tā shì ge jí xìng zi （彼はせっかちだ。）

- 我的性格有点内向。 wǒ de xìng gé yǒu diǎn nèi xiàng （私は少し内気な性格だ。）

- 索性把事情解决了吧。 suǒ xìng bǎ shì qing jiě jué le ba （いっそのこと問題を解決してしまおう。）

104

hǎo hào

好

日本漢字 好　繁体字 好

🔊 Track **108**

単語／表現

動 **好像** hǎo xiàng （まるで〜のようだ）

名 **好人** hǎo rén （善人、お人好し）

形 **好奇** hào qí （好奇心がある、興味を持つ）

名 **爱好** ài hào （趣味）

例文

- 你对我真好！ nǐ duì wǒ zhēn hǎo （本当に優しいね！）

- 我好喜欢这家店。 wǒ hǎo xǐ huan zhè jiā diàn （この店すごく好き。）

- 你有什么爱好吗？ nǐ yǒu shén me ài hào ma （何か趣味はある？）

- 好好吃饭，好好睡觉，好好生活。 hǎo hāo chī fàn hǎo hāo shuì jiào hǎo hāo shēng huó （よく食べて、よく寝て、ちゃんと暮らす。）

105 yīng yìng

応

日本漢字 応　繁体字 應　🔊 Track 109

単語／表現

助動 **应该** yīng gāi（〜すべきである）

動 **应聘** yìng pìn（招請に応じる）

動 **答应** dā ying（答える、承諾する）

動 名 **反应** fǎn yìng（反応する／反応、反響）

例文

- **应该吧。** yīng gāi ba（たぶんね。）

- **我答应你。** wǒ dā ying nǐ（（承諾）わかった。）

- **今年应聘者很多。** jīn nián yìng pìn zhě hěn duō（今年は応募者が多い。）

- **应急措施非常重要。** yìng jí cuò shī fēi cháng zhòng yào（応急処置は非常に重要だ。）

106 kāi

开

日本漢字 開　繁体字 開　🔊 Track 110

単語／表現

動 名 **开始** kāi shǐ（始める／初めのうち）

形 **开心** kāi xīn（楽しい）

動 **开车** kāi chē（車を運転する）

動 **离开** lí kāi（離れる、分かれる）

例文

- **快开门！** kuài kāi mén（早くドアを開けて!）

- **你会开车吗?** nǐ huì kāi chē ma（（車の）運転できる?）

- **电影快要开始了。** diàn yǐng kuài yào kāi shǐ le（映画がもうすぐ始まる。）

- **今天玩得很开心。** jīn tiān wán de hěn kāi xīn（今日はとても楽しかった。）

107 tā

它

日本漢字 它　繁体字 它、牠　🔊 Track 111

単語／表現

代 <ruby>它<rt>tā</rt></ruby>（それ、あれ）

代 <ruby>它们<rt>tā men</rt></ruby>（それら、あれら）

例文

- <ruby>它们在水中游来游去<rt>tā men zài shuǐ zhōng yóu lái yóu qù</rt></ruby>。（それらは水中を泳ぎ回っている。）
- <ruby>我终于找到它了<rt>wǒ zhōng yú zhǎo dào tā le</rt></ruby>。（ついにそれを見つけた。）
- <ruby>我养了一只狗，它很可爱<rt>wǒ yǎng le yì zhī gǒu　tā hěn kě ài</rt></ruby>。（犬を1匹飼っていて、とても可愛い。）
- <ruby>我喜欢玫瑰花，因为它很浪漫<rt>wǒ xǐ huan méi guī huā　yīn wèi tā hěn làng màn</rt></ruby>。（バラが好き。とてもロマンチックだから。）

108 hé gě

合

日本漢字 合　繁体字 合　🔊 Track 112

単語／表現

動 <ruby>合作<rt>hé zuò</rt></ruby>（協力する、提携する）

動 <ruby>合格<rt>hé gé</rt></ruby>（合格する）

動 <ruby>巧合<rt>qiǎo hé</rt></ruby>（偶然に一致する）

動 <ruby>配合<rt>pèi hé</rt></ruby>（力をあわせる）

例文

- <ruby>合作愉快<rt>hé zuò yú kuài</rt></ruby>！（協力していい仕事をしましょう!）
- <ruby>我们合影留念吧<rt>wǒ men hé yǐng liú niàn ba</rt></ruby>。（記念に集合写真を撮ろう。）
- <ruby>这件衣服很适合你<rt>zhè jiàn yī fu hěn shì hé nǐ</rt></ruby>。（この服はあなたによく似合う。）
- <ruby>这是一个很重要的合同<rt>zhè shì yí ge hěn zhòng yào de hé tong</rt></ruby>。（これはとても重要な契約だ。）

109

hái huán

还

単語／表現

副 **还是** hái shi （やはり、それとも）

接 **还有** hái yǒu （それから、その上に）

動 **还手** huánshǒu （殴り返す）

動 **退还** tuì huán （返す、返却する）

例文

- **还行。** hái xíng （まあいい感じ。）

- **你还没睡呢？** nǐ hái méi shuì ne （まだ寝てないの？）

- **我明天把书还给你。** wǒ míngtiān bǎ shū huán gěi nǐ （明日本返すね。）

- **你喜欢白色还是黑色？** nǐ xǐ huan bái sè hái shi hēi sè （白と黒どっちが好き？）

110

yīn

因

単語／表現

接前 **因为** yīn wèi （～なので／～のために）

名 **因果** yīn guǒ （原因と結果、因果）

名 **原因** yuán yīn （原因）

名 **基因** jī yīn （遺伝子）

例文

- **这是什么原因？** zhè shì shén me yuán yīn （これは何が原因なの？）

- **因为堵车迟到了。** yīn wèi dǔ chē chí dào le （渋滞で遅刻した。）

- **我很困，因为昨天熬夜了。** wǒ hěn kùn yīn wèi zuó tiān áo yè le （昨日夜更かししたからすごく眠い。）

- **他因过度劳累而病倒了。** tā yīn guò dù láo lèi ér bìngdǎo le （彼は過労により倒れた。）

111 yóu

由

日本漢字 由　繁体字 由

🔊 Track **115**

単語／表現

前接 **由于** yóu yú （～によって／～なので）

名 **理由** lǐ yóu （理由、わけ）

名 **自由** zì yóu （自由）

表 **不由自主** bù yóu zì zhǔ （思わず、知らず知らず）

例文

- **事情由他决定。** shì qing yóu tā jué dìng （この事は彼が決める。）
- **由于台风，飞机晚点了。** yóu yú tái fēng fēi jī wǎndiǎn le （台風によって飛行機が遅れた。）
- **喜欢就是喜欢，没有理由。** xǐ huan jiù shì xǐ huan méi yǒu lǐ yóu （好きなものは好き、理由なんてない。）
- **我喜欢自由自在的生活。** wǒ xǐ huan zì yóu zì zài de shēng huó （自由気ままな生活が好きだ。）

---

112 qí jī

其

日本漢字 其　繁体字 其

🔊 Track **116**

単語／表現

副 **其实** qí shí （実は、実際は）

方 **其中** qí zhōng （そのうち、その中）

代 **其他** qí tā （他の、その他の）

副 **尤其** yóu qí （特に、とりわけ）

例文

- **其实我很胆小。** qí shí wǒ hěn dǎn xiǎo （私は実は小心者だ。）
- **有其他的颜色吗？** yǒu qí tā de yán sè ma （他の色はある？）
- **我不理解其意图。** wǒ bù lǐ jiě qí yì tú （私はその意図がわからない。）
- **其中有一个是我的。** qí zhōng yǒu yí ge shì wǒ de （その中の1つは私のだ。）

113

xiē

些

日本漢字 些　繁体字 些

🔊 Track **117**

単語／表現

量 一些 yì xiē（少しばかり、いくつか、多少）

代 那些 nà xiē（あれらの、あれら）

副 有些 yǒu xiē（ある一部、少し）

副 险些 xiǎn xiē（危なく、すんでのところで）

例文

- 这些是我的。 zhè xiē shì wǒ de（これらは私のだ。）

- 我有些累了。 wǒ yǒu xiē lèi le（少し疲れた。）

- 哪些事情对你很重要？ nǎ xiē shì qing duì nǐ hěn zhòng yào（あなたにとって重要なのはどんなこと?）

- 那些不愉快的事情就忘了吧。 nà xiē bù yú kuài de shì qing jiù wàng le ba（あんな不愉快な出来事は忘れてしまおう。）

114

rán

然

日本漢字 然　繁体字 然

🔊 Track **118**

単語／表現

副 然后 rán hòu（それから、その後）

接 然而 rán ér（けれども、しかし）

副 突然 tū rán（突然、いきなり）

名 副 自然 zì rán（自然／自然に、当然である）

例文

- 然后呢？ rán hòu ne（それで?）

- 突然下大雨了。 tū rán xià dà yǔ le（突然大雨が降った。）

- 他演得很自然。 tā yǎn de hěn zì rán（彼の演技は自然だ。）

- 工作虽然很累，但是很有意义。 gōng zuò suī rán hěn lèi dàn shì hěn yǒu yì yì（仕事は疲れるけど、とても面白い。）

115

qián

前

日本漢字 前　繁体字 前

単語／表現

方 **前面** qiánmiàn （前、前方）

動 **前进** qián jìn （前進する、発展する）

方 **以前** yǐ qián （以前、それより前）

名 **目前** mù qián （目下、現在、今のところ）

例文

- **前面有很多人。** qiánmiàn yǒu hěn duō rén （前に人がたくさんいる。）

- **往前走有个咖啡厅** wǎngqián zǒu yǒu ge kā fēi tīng （前に進むとカフェが一軒ある。）

- **这是多久以前的事?** zhè shì duō jiǔ yǐ qián de shì （これはどれくらい前のこと?）

- **我目前还没有决定。** wǒ mù qián hái méi yǒu jué dìng （今のところまだ決めていない。）

116

wài

外

日本漢字 外　繁体字 外

単語／表現

名 **外面** wài miàn （外、表、表面、見かけ）

名 **外语** wài yǔ （外国語）

副 **另外** lìng wài （別の、他の、そのほか）

名 **外国** wài guó （外国）

例文

- **你太见外了。** nǐ tài jiàn wài le （よそよそしすぎるよ。）

- **我在外面等你。** wǒ zài wài miànděng nǐ （外で待ってるね。）

- **你会说几门外语?** nǐ huì shuō jǐ mén wài yǔ （何ヶ国語話せる?）

- **这只是一个意外。** zhè zhǐ shì yí ge yì wài （これはただの事故だ。）

117

tiān

天

◀) Track
121

日本漢字 **天**　繁体字 **天**

単語／表現

名 **天气** (天気)
　tiān qì

名 **每天** (毎日)
　měi tiān

名 **明天** (明日)
　míng tiān

名 **星期天** (日曜日)
　xīng qī tiān

例文

・**明天见!** (明日ね!)
　míng tiān jiàn

・**过几天再说吧。** (また今度にしよう。)
　guò jǐ tiān zài shuō ba

・**我这几天有点忙。** (ここ数日ちょっと忙しい。)
　wǒ zhè jǐ tiān yǒu diǎn máng

・**我每天都坚持运动。** (私は頑張って毎日運動を続けている。)
　wǒ měi tiān dōu jiān chí yùn dòng

118

zhèng

政

◀) Track
122

日本漢字 **政**　繁体字 **政**

単語／表現

名 **政治** (政治)
　zhèng zhì

名 **政策** (政策)
　zhèng cè

名 **政府** (政府)
　zhèng fǔ

名 **邮政** (郵政)
　yóu zhèng

例文

・**他是一位政治家。** (彼は政治家だ。)
　tā shì yí wèi zhèng zhì jiā

・**公司发表了新政策。** (会社が新しい政策を発表した。)
　gōng sī fā biǎo le xīn zhèng cè

・**政府部门很忙碌。** (政府機関はとても忙しい。)
　zhèng fǔ bù mén hěn máng lù

・**政治改革会引发社会变革。** (政治改革は社会変革を引き起こす。)
　zhèng zhì gǎi gé huì yǐn fā shè huì biàn gé

sì

日本漢字 四　　繁体字 四

🔊 Track 123

単語／表現

名 **四季** sì jì （四季）

名 **四周** sì zhōu （周囲、まわり）

数 **十四** shí sì （14）

表 **丢三落四** diū sān là sì （よく物忘れをする、そそっかしい）

例文

- **四周都很安静。** sì zhōu dōu hěn ān jìng （周囲はとても静かだ。）
- **下周四有空吗?** xià zhōu sì yǒu kòng ma （来週の木曜日時間ある?）
- **我儿子今年四岁了。** wǒ ér zi jīn nián sì suì le （うちの息子は今年4歳になった。）
- **他总是丢三落四。** tā zǒng shì diū sān là sì （彼はいつも忘れっぽい。）

rì

日本漢字 日　　繁体字 日

🔊 Track 124

単語／表現

名 **日子** rì zi （日、日数、暮らし）

名 **日常** rì cháng （日常）

名 **生日** shēng rì （誕生日）

名 **日历** rì lì （カレンダー）

例文

- **生日快乐!** shēng rì kuài lè （誕生日おめでとう!）
- **好好过日子吧。** hǎo hāo guò rì zi ba （日々をちゃんと過ごそう。）
- **我这周日要上班。** wǒ zhè zhōu rì yào shàng bān （今週日曜は仕事に行かないといけない。）
- **日期定下来了吗?** rì qī dìng xià lai le ma （期日は決まった?）

…… 語学力って結局は語彙力だよね。

 …… そう。キリがないから大変だけどね……。

 …… まずは身の回りのものを言えると、会話で役立つはず。

 …… ジャンル分けして連想しながら覚えるのがおすすめだよ。

🔊 Track **125**

内容	例
表示人 biǎo shì rén 人を表す	**爸爸、妈妈、老师、学生、医生、员工、司机、律师**
	bà ba、mā ma、lǎo shī、xué sheng、yī shēng、yuán gōng、sī jī、lǜ shī
	お父さん、お母さん、先生、学生、医者、従業員、運転手、弁護士
	孩子、哥哥、同事、长辈、学长、同学、朋友、老板
	hái zi、gē ge、tóng shì、zhǎng bèi、xué zhǎng、tóng xué、péng you、lǎo bǎn
	子ども、お兄さん、同僚、目上の人、先輩、同級生、友達、経営者（店主、社長）
表示具体事物 biǎo shì jù tǐ shì wù 具体的なものを表す	**房子、车、电视、手机、衣服、杯子、桌子、书**
	fáng zi、chē、diàn shì、shǒu jī、yī fu、bēi zi、zhuō zi、shū
	家、車、テレビ、携帯、服、コップ、机、本
	电脑、镜子、化妆品、鸡蛋、笔、床、狗、冰箱
	diàn nǎo、jìng zi、huà zhuāng pǐn、jī dàn、bǐ、chuáng、gǒu、bīng xiāng
	パソコン、鏡、化粧品、卵、ペン、ベッド、犬、冷蔵庫

表示抽象事物 biǎo shì chōu xiàng shì wù 抽象的なものを表す	**精神、文化、关系、能力、道德、友谊、法律、信息**
	jīng shén、wén huà、guānxi、néng lì、dào dé、yǒu yì、fǎ lǜ、xìn xī
	精神、文化、関係、能力、道徳、友情、法律、情報（消息）
	理论、物质、社会、规律、意识、经济、理想、梦想
	lǐ lùn、wù zhì、shè huì、guī lǜ、yì shi、jīng jì、lǐ xiǎng、mèng xiǎng
	理論、物質、社会、規則、意識、経済、理想、夢（願望）
表示时间 biǎo shì shí jiān 時間を表す	**今天、明天、昨天、前天、现在、过去、星期、季节**
	jīn tiān、míng tiān、zuó tiān、qián tiān、xiàn zài、guò qù、xīng qī、jì jié
	今日、明日、昨日、一昨日、現在、過去、週、季節
	分钟、小时、早上、上午、中午、下午、晚上、凌晨
	fēn zhōng、xiǎo shí、zǎo shang、shàng wǔ、zhōng wǔ、xià wǔ、wǎn shang、líng chén
	分、時間（単位）、朝、午前、昼、午後、夜、夜明け
表示处所 biǎo shì chù suǒ 場所を表す	**亚洲、法国、东京、公园、学校、幼儿园、超市、院子**
	yà zhōu、fǎ guó、dōng jīng、gōng yuán、xué xiào、yòu ér yuán、chāo shì、yuàn zi
	アジア、フランス、東京、公園、学校、幼稚園、スーパーマーケット、中庭
	银行、餐厅、图书馆、便利店、停车场、酒店、机场、游乐园
	yín háng、cān tīng、tú shū guǎn、biàn lì diàn、tíng chē chǎng、jiǔ diàn、jī chǎng、yóu lè yuán
	銀行、レストラン、図書館、コンビニ、駐車場、ホテル、空港、遊園地

121

nà nèi nā

那

日本漢字 那　繁体字 那

🔊 Track **126**

単語／表現

代 **那里** nà li （あそこ）

代 **那个** nà ge （あれ）

代 **那些** nà xiē （あれら、あれらの）

代 **那么** nà me （あんなに、〜のように）

例文

- **那好吧。** nà hǎo ba （まあ、いいよ。）

- **那天我有事。** nà tiān wǒ yǒu shì （その日は予定がある。）

- **我很喜欢那家餐厅。** wǒ hěn xǐ huan nà jiā cān tīng （あのレストランすごく好き。）

- **有那么夸张吗?** yǒu nà me kuā zhāng ma （そんなに大げさなこと?）

122

shè

社

日本漢字 社　繁体字 社

🔊 Track **127**

単語／表現

名 **社会** shè huì （社会）

名 **社交** shè jiāo （社交）

名 **旅社** lǚ shè （旅館）

名 **黑社会** hēi shè huì （暴力団、マフィア）

例文

- **社会变化很快。** shè huì biàn huà hěn kuài （社会の変化はとても速い。）

- **他的社交能力很强。** tā de shè jiāo néng lì hěn qiáng （彼はコミュ力がとても高い。）

- **社交媒体的普及很快。** shè jiāo méi tǐ de pǔ jí hěn kuài （SNSの普及はとても速い。）

- **我们社团的活动很丰富。** wǒ men shè tuán de huó dòng hěn fēng fù （私たちの団体はイベントが豊富だ。）

123

yì

义

日本漢字 **義**　繁体字 **義**

◀) Track **128**

単語／表現

名 **义务** yì wù （義務）

名 **意义** yì yì （意義、意味）

名 **正义** zhèng yì （正義）

表 **忘恩负义** wàng ēn fù yì （恩知らずである、恩義を忘れる）

例文

- **他很有正义感。** tā hěn yǒu zhèng yì gǎn （彼は正義感がある。）
- **义务教育很重要。** yì wù jiào yù hěn zhòng yào （義務教育はとても重要だ。）
- **这是一件很有意义的事情。** zhè shì yí jiàn hěn yǒu yì yì de shì qing （これはとても意義のあることだ。）
- **正义永远能够战胜邪恶。** zhèng yì yǒngyuǎnnéng gòu zhànshèng xié è （正義はいつだって悪に勝てる。）

124

shì

事

日本漢字 **事**　繁体字 **事**

◀) Track **129**

単語／表現

名 **事情** shì qing （事、事柄、用事）

名 **故事** gù shi （物語、お話）

名 **往事** wǎng shì （過ぎ去った出来事、昔の事）

動 **办事** bàn shì （仕事をする、用事を済ます）

例文

- **没事！** méi shì （大丈夫!）
- **终于完事了！** zhōng yú wán shì le （やっと終わった!）
- **我正在外面办事。** wǒ zhèng zài wài miàn bàn shì （外で用事を済ませているところ。）
- **你找我有什么事吗?** nǐ zhǎo wǒ yǒu shén me shì ma （私に何か用?）

125

píng

平

日本漢字 平　繁体字 平

単語／表現

名 **平时** píng shí （普段、平素）

形 名 **平常** píngcháng （普通である／普段、平時）

名 形 **水平** shuǐpíng （水準、レベル／水平な）

名 形 **和平** hé píng （平和／穏やかである）

例文

- **一路平安啊。** yí lù píng ān a （道中気をつけてね。）

- **这条路很平坦。** zhè tiáo lù hěn píng tǎn （この道はとても平坦だ。）

- **你平时都喜欢干什么?** nǐ píng shí dōu xǐ huan gàn shén me （普段は何をするのが好き?）

- **我参加了汉语水平考试。** wǒ cān jiā le hàn yǔ shuǐpíng kǎo shì （漢語水平考試（HSK）を受験した。）

126

xíng

形

日本漢字 形　繁体字 形

単語／表現

名 **形状** xíngzhuàng （形状、形）

動 名 **形容** xíngróng （形容する、描写する／容貌）

名 **图形** tú xíng （図形）

名 **三角形** sān jiǎo xíng （三角形）

例文

- **你喜欢什么形状?** nǐ xǐ huanshén me xíngzhuàng （どんな形が好き?）

- **真是难以形容。** zhēn shì nán yǐ xíngróng （本当に形容しがたい。）

- **不要得意忘形。** bú yào dé yì wàngxíng （有頂天になってはいけない。）

- **深海中有很多形态奇怪的鱼。** shēn hǎi zhōng yǒu hěn duō xíng tài qí guài de yú （深海には見た目が不思議な魚がたくさんいる。）

127 xiāng xiàng

相

日本漢字 相　繁体字 相

🔊 Track 132

単語／表現

動 **相信** xiāng xìn （信じる、信用する）

副 **互相** hù xiāng （お互いに）

動 **照相** zhàoxiàng （写真を撮る）

名 **相声** xiàngsheng （(中国の) 漫才）

例文

- **我相信你!** wǒ xiāng xìn nǐ （あなたを信じるよ!）

- **有没有带照相机?** yǒu méi you dài zhàoxiàng jī （カメラ持った?）

- **我们应该互相帮助。** wǒ menyīng gāi hù xiāngbāng zhù （私たちはお互い助け合うべきだ。）

- **我下个月要相亲。** wǒ xià ge yuè yào xiāng qīn （私は来月お見合いをする。）

128 quán

全

日本漢字 全　繁体字 全

🔊 Track 133

単語／表現

名 **全部** quán bù （全部、すべて）

名 **全家** quán jiā （一家、家族全員）

形 副 **完全** wánquán （完全である／完全に、まったく）

形 **安全** ān quán （安全である）

例文

- **注意安全啊。** zhù yì ān quán a （安全に気をつけてね。）

- **全都怪我。** quán dōu guài wǒ （全部私のせいだ。）

- **全场比赛都很精彩。** quánchǎng bǐ sài dōu hěn jīng cǎi （全体を通して素晴らしい試合だった。）

- **这是一个全新的挑战。** zhè shì yí ge quán xīn de tiǎo zhàn （これはまったく新しい挑戦だ。）

129

biǎo

日本漢字 **表** 繁体字 **錶、表** 🔊 Track **134**

単語／表現

動 名 **表现** biǎoxiàn （表現する、示す／態度）

動 名 **表演** biǎo yǎn （演ずる／演技）

動 **表扬** biǎoyáng （ほめる、表彰する）

名 **手表** shǒubiǎo （腕時計）

例文

- **他的表演很出色。** tā de biǎo yǎn hěn chū sè （彼のパフォーマンスは際立って良かった。）

- **我买了一块新手表。** wǒ mǎi le yí kuài xīn shǒubiǎo （新しい腕時計を買った。）

- **今天受到了上司的表扬。** jīn tiān shòu dào le shàng si de biǎoyáng （今日は上司に褒められた。）

- **我的表达能力不强。** wǒ de biǎo dá néng lì bù qiáng （私の表現力は高くない。）

130

jiān jiàn

日本漢字 **间** 繁体字 **間** 🔊 Track **135**

単語／表現

名 **时间** shí jiān （時間）

名 **房间** fáng jiān （部屋）

名 **中间** zhōng jiān （真ん中、中央）

名 動 **间隔** jiàn gé （間隔／間隔をおく、隔てる）

例文

- **有时间吗？** yǒu shí jiān ma （時間ある？）

- **这是我的房间。** zhè shì wǒ de fáng jiān （これは私の部屋です。）

- **那间咖啡厅很不错。** nà jiān kā fēi tīng hěn bú cuò （あのカフェすごくいい感じ。）

- **你认识中间的那个人吗？** nǐ rèn shi zhōng jiān de nà ge rén ma （あの真ん中の人知ってる？）

131

yàng

样

日本漢字 様　繁体字 樣

🔊 Track **136**

単語／表現

名 **样子** yàng zi （形、表情、見本、様子）

名 **样品** yàng pǐn （サンプル、見本品）

形 **一样** yí yàng （同じである、〜のようだ）

代 **这样** zhè yàng （こんな、このように、こういうふうにする）

例文

- **怎么样?** zěn me yàng （どう?）

- **这样你觉得行吗?** zhè yàng nǐ jué de xíng ma （これでいいと思う?）

- **他是我们的好榜样。** tā shì wǒ men de hǎo bǎngyàng （彼は私たちのいいお手本だ。）

- **店里有各种各样的面包。** diàn li yǒu gè zhǒng gè yàng de miàn bāo （店内には多種多様のパンがある。）

132

yǔ yù yú

与

日本漢字 与　繁体字 與

🔊 Track **137**

単語／表現

接 **与其** yǔ qí （〜よりも…のほうが○○）

動 **给与** jǐ yǔ （与える）

動 **参与** cān yù （参与する、関係する）

例文

- **他与众不同。** tā yǔ zhòng bù tóng （彼はみんなと違う。）

- **信与不信由你。** xìn yǔ bú xìn yóu nǐ （信じるか信じないかはあなた次第だ。）

- **这是我与他的问题。** zhè shì wǒ yǔ tā de wèn tí （これは私と彼の問題だ。）

- **我参与了公司的新项目。** wǒ cān yù le gōng sī de xìn xiàng mù （会社の新しいプロジェクトに加わった。）

133 guān

关

日本漢字 関　繁体字 關

単語／表現

前 guān yú
关于 （〜に関して、〜に関する）

名 guān xi
关系 （関係、つながり、コネ）

動 guān xīn
关心 （関心を持つ、気にかける）

名 kāi guān
开关 （スイッチ）

例文

- kāi guān zài nǎ li
开关在哪里? （スイッチはどこ?）

- wǒ hěn guān xīn nǐ
我很关心你。 （あなたのことをとても気にかけている。）

- tā men shì shén me guān xi
他们是什么关系? （彼らはどういう関係なの?）

- xiàn zài shì guān jiàn shí kè
现在是关键时刻。 （今が肝心な時だ。）

134 gè gě

各

🔊 Track 139

日本漢字 各　繁体字 各

単語／表現

形 gè zhǒng
各种 （各種の、さまざまな）

表 gè zhǒng gè yàng
各种各样 （さまざまである、各種各様の）

名 gè wèi
各位 （皆さん、各位）

代 gè zì
各自 （各自、おのおの）

例文

- gè yào jǐ ge
各要几个? （いくつずついる?）

- gǎn xiè gè wèi de zhī chí
感谢各位的支持。 （皆さまの支持に感謝します。）

- zhè jiàn yī fu yǒu gè zhǒng yán sè
这件衣服有各种颜色。 （この服はさまざまな色がある。）

- zhè ge xiàng mù xū yào gè fāng de hé zuò
这个项目需要各方的合作。 （このプロジェクトは各方面からの協力が必要だ。）

zhòng chóng

日本漢字 重　繁体字 重

🔊 Track 140

単語／表現

名 **重量** zhòngliàng （重量、重さ）

動 **重要** zhòng yào （重要である、大切である）

名 **体重** tǐ zhòng （体重）

副 **重新** chóng xīn （再び、もう一度、新たに）

例文

- **重来一次。** chóng lái yí cì （もう一度やる。）

- **这本书很重。** zhè běn shū hěn zhòng （この本はとても重い。）

- **我的体重一直不变。** wǒ de tǐ zhòng yì zhí bú biàn （私の体重はずっと変わらない。）

- **能不能再重复一遍?** néng bu néng zài chóng fù yí biàn （もう一度繰り返してくれる?）

136

xīn

日本漢字 新　繁体字 新

🔊 Track 141

単語／表現

形 **新鲜** xīn xiān （新鮮である、めずらしい）

名 **新闻** xīn wén （ニュース）

名 **新年** xīn nián （新年）

形 **崭新** zhǎn xīn （真新しい、斬新である）

例文

- **有没有新的?** yǒu méi you xīn de （新しいのある?）

- **蔬菜很新鲜。** shū cài hěn xīn xiān （野菜がとても新鮮だ。）

- **我买了一件新衣服。** wǒ mǎi le yí jiàn xīn yī fu （新しい服を1枚買った。）

- **我每天早上都看新闻。** wǒ měi tiān zǎo shang dōu kàn xīn wén （私は毎朝ニュースを見る。）

137

xiàn

线

日本漢字 線　繁体字 綫

🔊 Track **142**

単語／表現

名 **线条** xiàn tiáo （線、体の線）

名 **视线** shì xiàn （視線）

名 **路线** lù xiàn （道筋、ルート、路線）

例文

- 你在线吗? nǐ zài xiàn ma （オンライン中？）

- 我们线下见个面吧。 wǒ menxiàn xià jiàn ge miàn ba （オフラインで会おうよ。）

- 这是地铁几号线? zhè shì dì tiě jǐ hào xiàn （これは地下鉄何号線？）

- 我喜欢吃过桥米线。 wǒ xǐ huan chī guò qiáo mǐ xiàn （私は過橋米線が好きだ。）

138

nèi nà

内

日本漢字 内　繁体字 内

🔊 Track **143**

単語／表現

名 **内容** nèi róng （内容）

形 **内向** nèi xiàng （内向的である）

名 **内情** nèi qíng （内情、内部事情）

形 **分内** fèn nèi （本分内の、当然なすべき）

例文

- 他很内向。 tā hěn nèi xiàng （彼はとてもシャイだ。）

- 一小时内完成。 yì xiǎo shí nèi wánchéng （1時間以内に完成する。）

- 我感到很内疚。 wǒ gǎn dào hěn nèi jiù （後ろめたい気持ちでいっぱいだ。）

- 你内心的想法是什么? nǐ nèi xīn de xiǎng fa shì shén me （あなたの内心の考えは？）

139

shù shǔ shuò

数

日本漢字 **数**　繁体字 **數**

🔊 Track 144

単語／表現

名 **数学** shù xué （数学、算数）

動 **数数** shǔ shù （数を数える）

名 **次数** cì shù （回数）

動 **数落** shǔ luo （苦情を並べ立てる）

例文

- **数一数。** shǔ yi shǔ （数えてみる。）
- **这道数学题很难。** zhè dào shù xué tí hěn nán （この数学の問題はとても難しい。）
- **他被数落了一番。** tā bèi shǔ luo le yì fān （彼は一通りあれこれ言われた。）
- **你的幸运数字是多少?** nǐ de xìng yùn shù zì shì duō shao （あなたのラッキーナンバーはいくつ?）

140

zhèng zhēng

正

日本漢字 **正**　繁体字 **正**

🔊 Track 145

単語／表現

副 **正在** zhèng zài （ちょうど～している）

形 **正常** zhèngcháng （正常である、当たり前である）

形 **真正** zhēnzhèng （正真正銘の、本当に）

名 **正月** zhēng yuè （正月）

例文

- **我正好要出门。** wǒ zhèng hǎo yào chū mén （ちょうど家を出るところだよ。）
- **今年的天气不正常。** jīn nián de tiān qì bú zhèngcháng （今年の天気は異常だ。）
- **我喜欢充满正能量的人。** wǒ xǐ huan chōngmǎnzhèngnéngliàng de rén （私はポジティブな人が好きだ。）
- **正因为有你，我才达到了目标。** zhèng yīn wèi yǒu nǐ　wǒ cái dá dào le mù biāo （あなたがいたから、私は目標を達成できた。）

89

…… 中国語って、同じ発音の漢字めっちゃ多くない？

 残念ながらその通り……。やっかいだよね〜。 ……

 …… 特に漢字の種類が多い発音ってある？

 一番多いのは「yì」っていう発音で、57個の漢字があるらしいよ！ ……

🔊 Track **146**

読み	1		2		3		4	
bèi	贝	贝壳	背	背景	被	被子	备	准备
	bèi	bèi ké	bèi	bèi jǐng	bèi	bèi zi	bèi	zhǔn bèi
	貝	貝殻	背	背景	被	布団	備	準備する
bì	必	必须	壁	墙壁	闭	关闭	毕	毕业
	bì	bì xū	bì	qiáng bì	bì	guān bì	bì	bì yè
	必	必ず〜しなければならない	壁	壁、塀	閉める	閉める	畢	卒業する
chéng	成	成功	呈	呈现	承	承诺	诚	诚实
	chéng	chéng gōng	chéng	chéng xiàn	chéng	chéng nuò	chéng	chéng shí
	成	成功する	呈	現れる	承	承	誠	誠実である
dài	带	领带	待	等待	袋	袋子	代	代替
	dài	lǐng dài	dài	děng dài	dài	dài zi	dài	dài tì
	帯	ネクタイ	待	待つ	袋	袋	代	取って代わる

読み	1		2		3		4	
jī	机	机会	积	积极	鸡	鸡肉	基	基本
	jī	jī huì	jī	jī jí	jī	jī ròu	jī	jī běn
	機	機会	積	積極的である	鶏	鶏肉	基	基本
jiàn	见	见面	健	健康	建	建筑	件	文件
	jiàn	jiàn miàn	jiàn	jiàn kāng	jiàn	jiàn zhù	jiàn	wén jiàn
	見	対面する、顔を合わせる	健	健康である	建	建築する	件	文書、文献
lì	力	力气	历	历史	丽	美丽	立	站立
	lì	lì qi	lì	lì shǐ	lì	měi lì	lì	zhàn lì
	力	力	歴	歴史	麗	美しい	立	立つ
qí	其	其实	奇	奇怪	齐	整齐	骑	骑马
	qí	qí shí	qí	qí guài	qí	zhěng qí	qí	qí mǎ
	其	実は、実際には	奇	奇妙である	斉	整然としている	騎	馬に乗る
shì	世	世界	式	公式	市	市场	是	是非
	shì	shì jiè	shì	gōng shì	shì	shì chǎng	shì	shì fēi
	世	世界	式	公式	市	市場、マーケット	是	是非、善し悪し
yì	意	意思	义	义务	艺	艺术	忆	记忆
	yì	yì si	yì	yì wù	yì	yì shù	yì	jì yì
	意	意味	義	義務	芸	芸術	憶	記憶、覚える

141 xīn

心

日本漢字 心　繁体字 心

単語／表現

名 **心情** xīn qíng （気持ち、気分）

名 **心愿** xīn yuàn （念願、願い）

動 **放心** fàng xīn （安心する）

動 **小心** xiǎo xīn （注意する、気をつける）

例文

- **放心吧。** fàng xīn ba （安心して。）

- **我很担心她。** wǒ hěn dān xīn tā （彼女をとても心配している。）

- **他今天心情不太好。** tā jīn tiān xīn qíng bú tài hǎo （彼は今日あまり機嫌が良くない。）

- **我们说说心里话吧。** wǒ menshuōshuo xīn lǐ huà ba （腹を割って話そうよ。）

---

142 fǎn

反

日本漢字 反　繁体字 反

単語／表現

動 名 **反应** fǎn yìng （反応する／反応、反響）

動 **反复** fǎn fù （反復する、繰り返す）

動 **反省** fǎn xǐng （反省する）

名 **正反** zhèng fǎn （表裏、プラスとマイナス）

例文

- **我反而要謝謝你。** wǒ fǎn ér yào xiè xie nǐ （むしろこっちがお礼を言うべきだよ。）

- **衣服穿反了。** yī fu chuān fǎn le （服、逆に着てるよ。）

- **反正不是我的错。** fǎn zhèng bú shì wǒ de cuò （どのみち私は悪くない。）

- **我在反复练习中文听力。** wǒ zài fǎn fù liàn xí zhōngwén tīng lì （中国語のリスニングを繰り返し練習している。）

143

nǐ

你

日本漢字 你　繁体字 你

🔊 Track 149

単語／表現

表 **你好** nǐ hǎo （こんにちは）

代 **你们** nǐ men （あなた達）

形 **迷你** mí nǐ （ミニ、小型の）

例文

- **你好，你好。** nǐ hǎo nǐ hǎo （こんにちは。）

- **我等你。** wǒ děng nǐ （待ってるね。）

- **你们俩认识吗？** nǐ men liǎ rèn shi ma （二人は知り合い?）

- **这件事你我都清楚。** zhè jiàn shì nǐ wǒ dōu qīng chu （この件はあなたも私もよくわかっている。）

144

míng

明

日本漢字 明　繁体字 明

🔊 Track 150

単語／表現

名 **明天** míng tiān （明日）

動 形 **明白** míng bai （わかる、理解する／明白である）

形 **聪明** cōngming （聡明である、賢い）

名 形 **文明** wénmíng （文明／文化の高い、道徳的な）

例文

- **明天见。** míng tiān jiàn （また明日。）

- **我明白了。** wǒ míng bai le （わかった。）

- **明年是蛇年。** míngnián shì shé nián （来年は巳年だ。）

- **这孩子真聪明。** zhè hái zi zhēncōngming （この子は本当に賢い。）

145

kàn kān

看

日本漢字 看　繁体字 看

単語／表現

動 看见 kàn jiàn （目に入る、見える）

動 名 看守 kān shǒu （番をする、監視する／看守）

動 照看 zhào kàn （世話し管理する）

動 查看 chá kàn （調べる、調査する）

例文

- 你快看看！ nǐ kuài kàn kan （早く見てみて!）

- 别小看他。 bié xiǎo kàn tā （彼を見くびるな。）

- 我正在看孩子呢。 wǒ zhèng zài kān hái zi ne （子守りをしているところだよ。）

- 看样子今天又要加班了。 kàn yàng zi jīn tiān yòu yào jiā bān le （どうやら今日もまた残業になりそうだ。）

146

yuán

原

日本漢字 原　繁体字 原

単語／表現

形 副 原来 yuán lái （もとの、もとは／なんと（～だったのか））

名 原因 yuán yīn （原因）

副 名 原本 yuán běn （本来、もともと／原本、原著）

名 草原 cǎo yuán （草原）

例文

- 原来是你！ yuán lái shì nǐ （あなただったのか!）

- 原来如此。 yuán lái rú cǐ （なるほど。）

- 这是他的原话吗？ zhè shì tā de yuán huà ma （彼はこの通りに言ったの?）

- 我原本没打算来。 wǒ yuán běn méi dǎ suan lái （もともと来るつもりはなかった。）

147

yòu

又

 はこの下、147の画像に含まれる

日本漢字 又　繁体字 又

🔊 Track 153

単語／表現

名 又名 yòu míng （またの名、別名）

名 又及 yòu jí （追伸）

表 又～又… yòu yòu （～でもありまた…でもある）

例文

- 又是你啊。 yòu shì nǐ a （また君か。）
- 明天又要下雨。 míng tiān yòu yào xià yǔ （明日もまた雨が降る。）
- 我又紧张又兴奋。 wǒ yòu jǐn zhāng yòu xīng fèn （私は緊張もしているし、興奮もしている。）
- 又不是你的错，别在意。 yòu bú shì nǐ de cuò bié zài yì （あなたのせいじゃないんだから、気にしないで。）

148

me mó yāo ma

么

日本漢字 麼　繁体字 麼

🔊 Track 154

単語／表現

代 什么 shén me （何、どんな、何か、何も）

副 多么 duō me （どれほど、どんなに、なんと）

代 那么 nà me （～のように、あんなふうに、ならば）

代 怎么 zěn me （どのように、なんで、どんな）

例文

- 什么？ shén me （何？）
- 叫我了么？ jiào wǒ le me （呼んだ？）
- 这么快就到了？ zhè me kuài jiù dào le （こんなに早く着いたの？）
- 那么，我们继续吧。 nà me wǒ men jì xù ba （じゃあ、続けようか。）

lì

利

日本漢字 利　繁体字 利

◀)) Track
155

単語／表現

動 **利用** lì yòng （利用する）

名 **利息** lì xī （利息、利子）

名 **胜利** shèng lì （勝利）

名 **专利** zhuān lì （特許）

例文

- **坚持就是胜利。** jiān chí jiù shì shèng lì （続けたもの勝ちだ。）

- **运动有利于健康。** yùn dòng yǒu lì yú jiàn kāng （運動は健康に良い。）

- **这个产品有专利吗?** zhè ge chǎn pǐn yǒu zhuān lì ma （この製品特許とってる?）

- **我需要学会利用时间。** wǒ xū yào xué huì lì yòng shí jiān （私は時間の使い方を学ばないといけない。）

---

bǐ

比

日本漢字 比　繁体字 比

◀)) Track
156

単語／表現

接 **比如** bǐ rú （例えば）

名 動 **比喻** bǐ yù （比喩、たとえ／例える）

動 副 **比较** bǐ jiào （比較する／比較的に）

動 名 **对比** duì bǐ （対比する／比例、割合）

例文

- **比如说呢?** bǐ rú shuō ne （例えば?）

- **今年比去年冷。** jīn nián bǐ qù nián lěng （今年は去年より寒い。）

- **这场比赛太精彩了。** zhè chǎng bǐ sài tài jīng cǎi le （この試合は素晴らしすぎる。）

- **比起甜的，我更喜欢吃辣的。** bǐ qǐ tián de wǒ gèng xǐ huan chī là de （甘いものに比べると、辛いものの方が好きだ。）

151 huò

或

日本漢字 或　繁体字 或

🔊 Track **157**

単語／表現

副 接 **或者** huò zhě （もしかすると／あるいは）

副 **或许** huò xǔ （あるいは、もしかすると～かもしれない）

例文

- **或许吧。** huò xǔ ba （かもしれないね。）

- **雨或许会停。** yǔ huò xǔ huì tíng （雨は止むかもしれない。）

- **或许他已经走了。** huò xǔ tā yǐ jīng zǒu le （もしかすると彼はもう行ったかもしれない。）

- **或者我们换个方法吧。** huò zhě wǒ men huàn ge fāng fǎ ba （それか、方法を変えてみよう。）

152 dàn

但

日本漢字 但　繁体字 但

🔊 Track **158**

単語／表現

接 **但是** dàn shì （しかし、けれども）

動 **但愿** dàn yuàn （願わくは～であってほしい）

接 **不但** bú dàn （～ばかりでなく）

例文

- **但愿明天不下雨。** dàn yuàn míng tiān bú xià yǔ （明日雨が降りませんように。）

- **这道菜很辣，但是很好吃。** zhè dào cài hěn là dàn shì hěn hǎo chī （この料理は辛いけど、とても美味しい。）

- **这个包很好看，但太贵了。** zhè ge bāo hěn hǎo kàn dàn tài guì le （このカバンはかわいいけど、高すぎる。）

- **这个不但好吃还有营养。** zhè ge bú dàn hǎo chī hái yǒu yíng yǎng （これは美味しい上に栄養もある。）

153

zhì

质

日本漢字 **質**　繁体字 **質**

🔊 Track **159**

単語／表現

名 **质量** zhì liàng （品質、質、質量）

名 **质感** zhì gǎn （質感）

名 **本质** běn zhì （本質）

名 **物质** wù zhì （物質、金銭、物品）

例文

- 他的本质并不坏。 tā de běn zhì bìng bú huài （彼は本質的には悪い人じゃない。）

- 我喜欢木质的家具。 wǒ xǐ huan mù zhì de jiā jù （私は木製の家具が好きだ。）

- 这件衣服质量很好。 zhè jiàn yī fu zhì liàng hěn hǎo （この服はとても質がいい。）

- 我对这个决定有质疑。 wǒ duì zhè ge jué dìng yǒu zhì yí （この決定に対して質問がある。）

154

qì

气

日本漢字 **気**　繁体字 **氣**

🔊 Track **160**

単語／表現

名 **气氛** qì fēn （雰囲気、ムード）

名 **气球** qì qiú （風船）

名 **天气** tiān qì （天気）

動 **生气** shēng qì （怒る、腹がたつ）

例文

- 气死我了！ qì sǐ wǒ le （本当に腹がたつ!）

- 消消气吧。 xiāo xiāo qì ba （ちょっと気をしずめて。）

- 别太孩子气了。 bié tài hái zi qì le （あまり大人気ないことしないで。）

- 班里的气氛很好。 bān li de qì fēn hěn hǎo （クラスの雰囲気がとても良い。）

155

dì

第

日本漢字 第　**繁体字** 第

🔊 Track 161

単語／表現

数 **第一** dì yī （第一の、一番初めの、最重要の）

数 **第一次** dì yī cì （1回目、初めての）

表 **第一时间** dì yī shí jiān （出来事が起きた直後の時間、最も早い報道）

例文

- **我得了第一名。** wǒ dé le dì yī míng （1位を取った。）
- **拿第几名不重要。** ná dì jǐ míng bú zhòng yào （何位を取るかは重要ではない。）
- **我第一时间就赶到了。** wǒ dì yī shí jiān jiù gǎn dào le （私はすぐに駆けつけた。）
- **今天是我们第二次见面。** jīn tiān shì wǒ men dì èr cì jiàn miàn （私たちが会うのは今日が2回目だ。）

156

xiàng

向

日本漢字 向　**繁体字** 向

🔊 Track 162

単語／表現

副 **向来** xiàng lái （今までずっと、従来）

動 **向往** xiàngwǎng （憧れる、思いをはせる）

名 **方向** fāngxiàng （方角、方向、目標）

例文

- **我向你道歉。** wǒ xiàng nǐ dào qiàn （あなたに謝るよ。）
- **这个方向对吗?** zhè ge fāngxiàng duì ma （この方向で合ってる?）
- **这是我向往的生活。** zhè shì wǒ xiàngwǎng de shēng huó （これは私が憧れた生活だ。）
- **他向老师提了一个问题。** tā xiàng lǎo shī tí le yí ge wèn tí （彼は先生に質問を投げかけた。）

157

dào

道

日本漢字 道　繁体字 道　◀) Track **163**

単語／表現

名 **道理** dào li （道理、筋道、理由、わけ）

名 形 **道德** dào dé （道徳／道徳的な）

動 **知道** zhī dào （知っている、心得ている）

名 **街道** jiē dào （大通り、街路）

例文

- 我知道了。 wǒ zhī dào le （わかった。）

- 我点了五道菜。 wǒ diǎn le wǔ dào cài （料理を5品注文した。）

- 你怎么不讲道理呢? nǐ zěn me bù jiǎng dào li ne （どうして道理をわきまえないの?）

- 难道你不知道这件事情? nán dào nǐ bù zhī dào zhè jiàn shì qing （まさかこのことを知らなかったの?）

158

mìng

命

日本漢字 命　繁体字 命　◀) Track **164**

単語／表現

名 **命运** mìng yùn （運命、命運、将来）

動 名 **命令** mìng lìng （命令する／命令）

名 **生命** shēngmìng （生命、命）

動 **救命** jiù mìng （命を助ける）

例文

- 救命啊! jiù mìng a （助けて!）

- 真要了我的命。 zhēn yào le wǒ de mìng （死ぬかと思ったよ。）

- 他的命好苦。 tā de mìng hǎo kǔ （彼は本当に運がない。）

- 这棵树的生命力很强 zhè kē shù de shēngmìng lì hěn qiáng （この木の生命力はとても強い。）

第2章 チャーハン編

159

cǐ

此

日本漢字 此　繁体字 此

単語／表現

接 因此 yīn cǐ （それゆえ、それで）

代 彼此 bǐ cǐ （両方、双方、互い）

副 从此 cóng cǐ （これから、ここから）

例文

- 彼此彼此。bǐ cǐ bǐ cǐ （お互いさまだよ。）
- 但愿如此吧。dàn yuàn rú cǐ ba （そうであると願おう。）
- 此事与他无关。cǐ shì yǔ tā wú guān （このことは彼とは無関係だ。）
- 此时此刻我的心情很激动。cǐ shí cǐ kè wǒ de xīn qíng hěn jī dòng （今この瞬間、私はとても興奮している。）

160

biàn

变

日本漢字 変　繁体字 變

単語／表現

動 变化 biàn huà （変化する）

名 变态 biàn tài （変態）

動 改变 gǎi biàn （変わる、変える）

例文

- 你变了。nǐ biàn le （君は変わった。）
- 他的变化好大。tā de biàn huà hǎo dà （彼はすごく変わった。）
- 改变自己很难。gǎi biàn zì jǐ hěn nán （自分を変えるのはとても難しい。）
- 我是不是变老了？wǒ shì bu shì biàn lǎo le （私、老けたかな？）

コラム ⑦ よく使う量詞

 …… 中国語も日本語と同じで、量詞の種類が多いよね。

量詞をうまく使い分けられるとネイティブ感が出る気がする！ ……

 …… 日本語との数え方の違いも面白いよね。

まずはよく使う量詞と単語をセットで覚えるといいかも。 ……

🔊 Track 167

量詞	例
个	**人、苹果、鼻子、包子、冰箱、字、句子、动作、月亮、国家**
gè／ge	rén、píng guǒ、bí zi、bāo zi、bīng xiāng、zì、jù zi、dòng zuò、yuè liang、guó jiā
人、個など	人間、りんご、鼻、肉まん、冷蔵庫、文字、文、動作、月、国
只	**鸡、鸟、老虎、猫、虫子、船、（※成双物品之一 →）眼睛、脚、手、袜子**
zhī	jī、niǎo、lǎo hǔ、māo、chóng zi、chuán、yǎn jīng、jiǎo、shǒu、wà zi
匹、艘など	鶏、鳥、虎、猫、虫、船、(※対になっているものの片方→) 目、足、手、靴下
条	**鱼、毛巾、命、绳子、裤子、腰带、香烟、短信、河、项链**
tiáo	yú、máo jīn、mìng、shéng zi、kù zi、yāo dài、xiāng yān、duǎn xìn、hé、xiàng liàn
本、匹など	魚、タオル、命、縄、ズボン、ベルト、タバコ、メール、川、ネックレス

第2章　チャーハン編

把	刀、锁、钥匙、茶壶、雨伞、小提琴、年纪、扇子、（※一把→）盐、汗
bǎ	dāo、suǒ、yào shi、chá hú、yǔ sǎn、xiǎo tí qín、nián jì、shàn zi、yán、hàn
本、脚など	ナイフ、錠、カギ、急須、傘、バイオリン、年齢、扇子、（※一掴みの→）塩、汗
张	纸、脸、嘴、照片、床、桌子、唱片、画、皮、笑脸
zhāng	zhǐ、liǎn、zuǐ、zhào piàn、chuáng、zhuō zi、chàng piàn、huà、pí、xiào liǎn
枚、台など	紙、顔、口、写真、ベッド、机、レコード、絵、皮、笑顔
块	糖、手表、钱、橡皮、砖头、肉、石头、面包、玻璃、西瓜
kuài	táng、shǒu biǎo、qián、xiàng pí、zhuān tou、ròu、shí tou、miàn bāo、bō li、xī guā
枚、個など	飴、腕時計、お金、消しゴム、レンガ、肉、石、パン、ガラス、スイカ
场	雨、大雪、电影、比赛、演出、大战、病、恋爱、考试、梦
chǎng	yǔ、dà xuě、diàn yǐng、bǐ sài、yǎn chū、dà zhàn、bìng、liàn ài、kǎo shì、mèng
場、実施回数など	雨、大雪、映画、試合、演出、大戦、病気、恋愛、テスト、夢
件	事、衣服、外套、行李、礼物
jiàn	shì、yī fu、wài tào、xíng li、lǐ wù
件、点など	事、服、上着、荷物、プレゼント
颗	宝石、星星、牙齿、种子、心
kē	bǎo shí、xīng xing、yá chǐ、zhǒng zi、xīn
粒、個など	宝石、星、歯、種、心
份	报纸、礼物、试卷、早餐、工作
fèn	bào zhǐ、lǐ wù、shì juàn、zǎo cān、gōng zuò
部、～人前など	新聞、プレゼント、答案用紙、朝食、仕事

161

tiáo tiāo

条

日本漢字 条　繁体字 條

🔊 Track 168

単語／表現

tiáo jiàn
名 **条件**（条件、要求、情況）

tiáo yuē
名 **条约**（条約）

miàn tiáo
名 **面条**（麺）

yóu tiáo
名 **油条**（中国風揚げパン）

例文

zhè tiáo chuán zhēn dà
- **这条船真大。**（この船は本当に大きい。）

yǒu shén me tiáo jiàn ma
- **有什么条件吗?**（何か条件はある?）

zhè ge xīn wén shàng tóu tiáo le
- **这个新闻上头条了。**（このニュースはトップニュースになった。）

wǒ men dà jiā yí dìng yào yì tiáo xīn
- **我们大家一定要一条心。**（みんなの心を1つにしないといけない。）

162

zhī zhǐ

只

日本漢字 只　繁体字 隻、只

🔊 Track 169

単語／表現

zhī shēn
副 **只身**（単身、独りで）

chuán zhī
名 **船只**（船、船舶）

zhǐ yǒu
接 **只有**（〜でなければ…できない、〜するほかない）

zhǐ shì
副 **只是**（ただ〜だけだ、ただ、ただし）

例文

wǒ yǎng le yì zhī gǒu
- **我养了一只狗。**（私は犬を1匹飼っている。）

zhǐ shèng xià yí ge le
- **只剩下一个了。**（あと1つしか残っていない。）

xiàn zài zhǐ yǒu zhè ge bàn fǎ le
- **现在只有这个办法了。**（今はもうこの方法しかない。）

wǒ zhǐ shēn yì rén, hěn gū dú
- **我只身一人，很孤独。**（私は独り身でとても孤独だ。）

第2章　チャーハン編

104

163

méi mò

没

日本漢字 没　繁体字 没

🔊 Track **170**

単語／表現

表 没空 méi kòng （暇がない、時間がない）

表 没劲 méi jìn （力がない）

動 没收 mò shōu （没収する、取り上げる）

動 沉没 chén mò （沈没する）

例文

- 没问题！ méi wèn tí （問題ない！）

- 我今天没空。 wǒ jīn tiān méi kòng （今日は時間がない。）

- 你怎么没完没了？ nǐ zěn me méi wán méi liǎo （いつまで続けるつもり？）

- 我的手机被老师没收了。 wǒ de shǒu jī bèi lǎo shī mò shōu le （携帯を先生に没収された。）

164

jié jiē

结

日本漢字 結　繁体字 結

🔊 Track **171**

単語／表現

名 结果 jié guǒ （結果、結局）

名 结局 jié jú （結果、結末）

動 结束 jié shù （終わる、終わらせる）

形 结实 jiē shi （丈夫である、壮健である）

例文

- 我结婚了。 wǒ jié hūn le （私は結婚した。）

- 我正在等结果。 wǒ zhèng zài děng jié guǒ （結果を待っているところだ。）

- 你身体真结实。 nǐ shēn tǐ zhēn jiē shi （あなたは本当に身体が丈夫だね。）

- 他经常巴结上司。 tā jīng cháng bā jie shàng si （彼はしょっちゅう上司にとりいっている。）

jiě jiè xiè

解

日本漢字 **解**　繁体字 **解**

単語／表現

動 **解放** jiě fàng （解放する）

動 **解决** jiě jué （解決する、やっつける）

動 **了解** liǎo jiě （理解する、調べる）

動 **误解** wù jiě （誤解する、間違った理解をする）

例文

- 我很了解他。 wǒ hěn liǎo jiě tā （私は彼をよく理解している。）

- 你来解释一下。 nǐ lái jiě shì yí xià （あなたが説明してみて。）

- 他们不理解我。 tā men bù lǐ jiě wǒ （彼らは私を分かっていない。）

- 谁能解开这道题? shéi néng jiě kāi zhè dào tí （誰がこの問題を解ける?）

wèn

问

日本漢字 **問**　繁体字 **問**

単語／表現

名 **问题** wèn tí （問題）

動 **问好** wèn hǎo （よろしく言う）

動 **访问** fǎngwèn （訪問する）

動 **提问** tí wèn （問題を出す、質問する）

例文

- 问题不大。 wèn tí bú dà （大した問題じゃない。）

- 请问有什么饮料? qǐngwèn yǒu shén me yǐn liào （飲み物は何がありますか?）

- 她总是问长问短。 tā zǒng shì wènchángwènduǎn （彼女はいつもあれこれ聞いてくる。）

- 我想问你一个问题。 wǒ xiǎngwèn nǐ yí ge wèn tí （あなたに1つ聞きたいことがある。）

yì

意

🔊 Track 174

日本漢字 意　繁体字 意

単語／表現

名 **意见** yì jiàn （意見、考え、不満、文句）

名 **意思** yì si （意味、気持ち、面白み）

動 **满意** mǎn yì （満足する、嬉しく思う）

動 **同意** tóng yì （同意する、賛成する）

例文

- **什么意思?** shén me yì si （どういう意味?）

- **别太得意。** bié tài dé yì （あまり得意にならないで。）

- **我同意你的看法。** wǒ tóng yì nǐ de kàn fǎ （あなたの見解に同意する。）

- **我有一个好主意。** wǒ yǒu yí ge hǎo zhǔ yi （私に1ついい考えがある。）

jiàn

建

🔊 Track 175

日本漢字 建　繁体字 建

単語／表現

動 名 **建筑** jiàn zhù （建築する／建築物）

動 名 **建议** jiàn yì （提案する／提案）

動 **修建** xiū jiàn （修築する）

動 **创建** chuàng jiàn （創立する）

例文

- **我想提一个建议。** wǒ xiǎng tí yí ge jiàn yì （私から1つ提案したい。）

- **这是新建的房子。** zhè shì xīn jiàn de fáng zi （これは新しく建てた家だ。）

- **工厂需要修建了。** gōngchǎng xū yào xiū jiàn le （工場は改修が必要だ。）

- **这个公司是他一手创建的。** zhè ge gōng sī shì tā yì shǒuchuàng jiàn de （この会社は彼が1人で創立した。）

169

yuè

月

日本漢字 月　　繁体字 月

🔊 Track 176

単語／表現

名 **月亮** yuè liang （（天体の）月）

名 **岁月** suì yuè （歳月、年月）

名 **日月** rì yuè （日々の暮らし、日々）

例文

- **我喜欢赏月。** wǒ xǐ huanshǎng yuè （私は月を観るのが好きだ。）

- **他们在度蜜月。** tā men zài dù mì yuè （彼らはハネムーンに行っている。）

- **我下个月要出差。** wǒ xià ge yuè yào chū chāi （来月出張がある。）

- **我今天去续了月票。** wǒ jīn tiān qù xù le yuè piào （今日定期を継続購入してきた。）

170

gōng

公

日本漢字 公　　繁体字 公

🔊 Track 177

単語／表現

形 **公平** gōngpíng （公平である）

名 **公司** gōng sī （会社）

名 **公主** gōng zhǔ （皇女、お姫様）

名 **公园** gōngyuán （公園）

例文

- **太不公平了！** tài bù gōngpíng le （不公平すぎる！）

- **我是公务员。** wǒ shì gōng wù yuán （私は公務員だ。）

- **他一向公事公办。** tā yí xiànggōng shì gōng bàn （彼はいつも私情にとらわれず、公平に物事を処理する。）

- **不要在公共场所吸烟。** bú yào zài gōnggòngchǎng suǒ xī yān （公共の場でタバコを吸ってはいけない。）

171

wú mó

无

日本漢字 **無**　繁体字 **無**

単語／表現

形 **无知** wú zhī （無知である）

形 **无聊** wú liáo （つまらない）

形 **无辜** wú gū （罪がない、無辜である）

形 **无奈** wú nài （しかたがない、惜しいことに）

例文

- **无所谓。** wú suǒ wèi （どうでもいい。）

- **好无聊啊。** hǎo wú liáo a （つまんないなあ。）

- **无论如何我都要坚持下去。** wú lùn rú hé wǒ dōu yào jiān chí xià qù （何があっても私は続けていく。）

- **遇到无奈的事也要坦然面对。** yù dào wú nài de shì yě yào tǎn rán miàn duì （どうしようもないことに遭遇しても、平然と対応すべきだ。）

172

xì jì

系

日本漢字 **係**　繁体字 **系、係、繫**

単語／表現

名 **系统** xì tǒng （システム、系統）

名 **系列** xì liè （系列、シリーズ）

動 **联系** lián xì （連絡する、結びつける）

動 **系带** jì dài （紐を結ぶ）

例文

- **我们电话联系。** wǒ men diàn huà lián xì （電話で連絡をとろう。）

- **我们关系很好。** wǒ men guān xi hěn hǎo （私たちの関係はとても良い。）

- **你在大学读什么系?** nǐ zài dà xué dú shén me xì （あなたは大学で何を専攻しているの？）

- **运动时一定要系好鞋带。** yùn dòng shí yí dìng yào jì hǎo xié dài （運動する時は必ず靴紐をちゃんと結ばないといけない。）

jūn

军

| 日本漢字 | 軍 | 繁体字 | 軍 |

🔊 Track **180**

単語／表現

名 **军队** jūn duì （軍隊、部隊）

名 **冠军** guàn jūn （優勝、優勝者）

名 **军事** jūn shì （軍事）

例文

- **我拿到了亚军。** wǒ ná dào le yà jūn （私は準優勝だった。）

- **军队的纪律很严格。** jūn duì de jì lǜ hěn yán gé （軍隊の規律はとても厳格だ。）

- **军营的生活很规律。** jūn yíng de shēng huó hěn guī lǜ （兵営の生活は規則正しい。）

- **他参加了军事演习。** tā cān jiā le jūn shì yǎn xí （彼は軍事演習に参加した。）

---

hěn

很

| 日本漢字 | 很 | 繁体字 | 很 |

🔊 Track **181**

単語／表現

表 **很多** hěn duō （とても多い）

表 **很久** hěn jiǔ （(時間が) とても長い）

表 **很快** hěn kuài （とてもはやい）

表 **很喜欢** hěn xǐ huan （とても好きだ）

例文

- **我的记性很差。** wǒ de jì xing hěn chà （私は記憶力がとても悪い。）

- **她的压力很大。** tā de yā lì hěn dà （彼女のプレッシャーはとても大きい。）

- **我对他的印象很好。** wǒ duì tā de yìn xiàng hěn hǎo （私の彼に対する印象はとても良い。）

- **我很长时间没运动了。** wǒ hěn cháng shí jiān méi yùn dòng le （長い間運動していない。）

175 qíng

情

日本漢字 情　繁体字 情

単語／表現

qíngkuàng
名 **情况** （状況、事情、様子）

rè qíng
名 形 **热情** （熱意、情熱／親切である）

gǎn qíng
名 **感情** （感情、好感、友情、愛着）

qíng rén jié
名 **情人节** （バレンタインデー）

例文

shén me qíngkuàng
• **什么情况?** （どういう状況?）

zhè yàng hěn shāng gǎn qíng de
• **这样很伤感情的。** （こんなことしたらすごく傷つくよ。）

tā de bìngqíng yǒu le hǎo zhuǎn
• **他的病情有了好转。** （彼の病状は回復に向かっている。）

wǒ bú tài liǎo jiě tā de qíngkuàng
• **我不太了解他的情况。** （彼の状況をあまり理解していない。）

176 zhě

者

日本漢字 者　繁体字 者

単語／表現

jì zhě
名 **记者** （記者）

zuò zhě
名 **作者** （作者）

xué zhě
名 **学者** （学者）

例文

zuò zhě shì shéi
• **作者是谁?** （作者は誰?）

tā shì yí ge chénggōng de chuàng yè zhě
• **他是一个成功的创业者。** （彼は成功した創業者だ。）

xiànchǎng lái le hěn duō jì zhě
• **现场来了很多记者。** （現場には記者が大勢きている。）

yǒu zhì zhě shì jìng chéng
• **有志者事竟成。** （(ことわざ) 志さえあれば必ず成功する。）

177

zuì

最

🔊 Track 184

日本漢字 最　繁体字 最

単語／表現

名 最近 zuì jìn（最近）

名 最终 zuì zhōng（最終、最後）

形 最好 zuì hǎo（できるだけ～した方がよい）

例文

- 你最棒！ nǐ zuì bàng （君が一番だ!）

- 你最喜欢哪一个？ nǐ zuì xǐ huan nǎ yí ge （どれが一番好き?）

- 明天你最好不要迟到。 míng tiān nǐ zuì hǎo bú yào chí dào （明日はなるべく遅刻しない方がいいよ。）

- 最近都忙什么呢？ zuì jìn dōu máng shén me ne （最近何してるの?）

178

lì

立

🔊 Track 185

日本漢字 立　繁体字 立

単語／表現

動 立正 lì zhèng（気をつけの姿勢をする）

動 立功 lì gōng（手柄を立てる）

動 独立 dú lì（独立する、単独で行う）

動 起立 qǐ lì（起立する、立ち上がる）

例文

- 你立功了！ nǐ lì gōng le （お手柄だね!）

- 他的自立能力很强。 tā de zì lì néng lì hěn qiáng （彼は自立能力が高い。）

- 今年是公司成立十周年。 jīn nián shì gōng sī chéng lì shí zhōunián （今年は会社の創立10周年だ。）

- 接到电话，他立刻赶到了现场。 jiē dào diàn huà tā lì kè gǎn dào le xiàn chǎng （電話を受けると、彼はすぐに現場に駆けつけた。）

179

dài

代

日本漢字 代 　**繁体字** 代

🔊 Track **186**

単語／表現

- 動 **代理** (dài lǐ) (代理する、代行する)
- 動 **代替** (dài tì) (代える、取って代わる)
- 名 **年代** (nián dài) (年代、時代)
- 名 **古代** (gǔ dài) (古代)

例文

- **我们之间有代沟。** (wǒ men zhī jiān yǒu dài gōu) (私たちの間にはジェネレーションギャップがある。)
- **你能代替我去吗?** (nǐ néng dài tì wǒ qù ma) (私の代わりに行ってくれる?)
- **这是七十年代的老照片。** (zhè shì qī shí nián dài de lǎo zhàopiàn) (これは70年代の古い写真だ。)
- **我付出了很大的代价。** (wǒ fù chū le hěn dà de dài jià) (私は大きな代価を払った。)

180

xiǎng

想

日本漢字 想 　**繁体字** 想

🔊 Track **187**

単語／表現

- 名 **想法** (xiǎng fa) (考え、考え方)
- 動 名 **想象** (xiǎngxiàng) (想像する／想像、イメージ)
- 名 **理想** (lǐ xiǎng) (理想)
- 名 動 **思想** (sī xiǎng) (思想、考え／考える)

例文

- **我想家了。** (wǒ xiǎng jiā le) (家が恋しくなった。)
- **我想吃火锅。** (wǒ xiǎng chī huǒ guō) (火鍋が食べたい。)
- **好好想一想。** (hǎo hǎo xiǎng yi xiǎng) (ちゃんと考えてみて。)
- **你有没有什么想法?** (nǐ yǒu méi you shén me xiǎng fa) (何か考えはある?)

……　前後の漢字を入れ替えても、意味がほぼ一緒の単語があるよね？

そうだね。逆に意味が変わるものも多いよ。……

　……　絶妙に意味が違うものもあって面白い！

両方のパターンを見比べてみよう。……

◀)) Track　188

意味が変わる		意味が変わらない	
牛奶	**奶牛**	**语言**	**言语**
niú nǎi	nǎi niú	yǔ yán	yán yǔ
牛乳	乳牛	言語	言葉
蜜蜂	**蜂蜜**	**悲伤**	**伤悲**
mì fēng	fēng mì	bēi shāng	shāng bēi
ミツバチ	ハチミツ	悲しむ	悲しみ
计算	**算计**	**演讲**	**讲演**
jì suàn	suàn ji	yǎn jiǎng	jiǎng yǎn
計算する	もくろむ、陥れる	演説する	講演する
牙刷	**刷牙**	**代替**	**替代**
yá shuā	shuā yá	dài tì	tì dài
歯磨きをする	歯ブラシ	取って代わる	〜の代わりをする

意味が変わる		意味が変わらない	
故事	**事故**	**感情**	**情感**
gù shi	shì gù	gǎn qíng	qíng gǎn
物語	事故	感情、好感	感情、愛着
回来	**来回**	**来到**	**到来**
huí lai	lái huí	lái dào	dào lái
帰ってくる	往復する	到来する	到来する
年少	**少年**	**别离**	**离别**
nián shào	shào nián	bié lí	lí bié
年が若い、青少年	少年(少女)	別れる	離別する
色彩	**彩色**	**积累**	**累积**
sè cǎi	cǎi sè	jī lěi	lěi jī
色、彩り	カラー、多色	蓄積する	累積する
画图	**图画**	**寻找**	**找寻**
huà tú	tú huà	xún zhǎo	zhǎo xún
図をかく、絵図	図画	探す	探す、尋ねる
上车	**车上**	**妒忌**	**忌妒**
shàng chē	chē shang	dù jì	jì du
車に乗る	車の中	嫉妬する	ねたむ

yǐ

日本漢字 已　繁体字 已

◀)) Track 189

単語／表現

- 副 **已经** yǐ jīng（すでに、もう）
- 名 **已往** yǐ wǎng（以前、過去）
- 助 **而已** ér yǐ（〜にすぎない）

例文

- 已经八点半了。yǐ jīng bā diǎn bàn le（もう8時半だ。）
- 我们已做好准备。wǒ men yǐ zuò hǎo zhǔn bèi（私たちの準備は整った。）
- 我只不过是说说而已。wǒ zhǐ bú guò shì shuōshuo ér yǐ（ちょっと言ってみただけ。）
- 我已经很久没来过这儿了。wǒ yǐ jīng hěn jiǔ méi lái guo zhèr le（ここにはもう長い間来ていなかった。）

tōng tòng

日本漢字 通　繁体字 通

◀)) Track 190

単語／表現

- 動 前 **通过** tōng guò（通過する、採択する／〜を通じて）
- 形 **普通** pǔ tōng（普通である、一般的である）
- 名 **交通** jiāo tōng（交通）
- 動 **精通** jīng tōng（精通する）

例文

- 我昨天通宵了。wǒ zuó tiān tōng xiāo le（昨日は徹夜した。）
- 他精通四门外语。tā jīng tōng sì mén wài yǔ（彼は4ヶ国語に精通している。）
- 房间里通通风吧。fáng jiān li tōng tong fēng ba（部屋を換気しよう。）
- 他的脸被太阳晒得通红。tā de liǎn bèi tài yáng shài de tōng hóng（彼の顔は日に焼けて真っ赤だ。）

183

bìng bīng

并

日本漢字 併　繁体字 並、併

🔊 Track 191

単語／表現

接 **并且** bìng qiě （しかも、かつ、また）

動 **并列** bìng liè （並列する、横に並ぶ）

動 **合并** hé bìng （合併する）

例文

- 我并没有放弃。 wǒ bìng méi yǒu fàng qì （私は諦めているわけではない。）

- 这并不是他的错。 zhè bìng bú shì tā de cuò （これは別に彼の間違いではない。）

- 两位选手在比赛中并列第一。 liǎng wèi xuǎnshǒu zài bǐ sài zhōng bìng liè dì yī （2名の選手は試合で同率一位となった。）

- 这个主人公很机智并且勇敢。 zhè ge zhǔ rén gōng hěn jī zhì bìng qiě yǒng gǎn （この主人公は機転が利いて、かつ勇敢でもある。）

184

tí dī dǐ

提

日本漢字 提　繁体字 提

🔊 Track 192

単語／表現

動 **提问** tí wèn （問題を出す、質問する）

動 **提高** tí gāo （引き上げる、高める）

動 **提防** dī fang （気をつける、用心する）

名 **前提** qián tí （前提、前提条件）

例文

- 给我一个提示。 gěi wǒ yī gè tí shì （ヒントを1つちょうだい。）

- 提前做好准备。 tí qián zuò hǎo zhǔn bèi （事前に準備をしておく。）

- 这点小事不值一提。 zhè diǎn xiǎo shì bù zhí yì tí （このくらいのことは話題にするまでもない。）

- 我经常提醒自己不要迟到。 wǒ jīng cháng tí xǐng zì jǐ bú yào chí dào （私はよく自分に遅刻するなと言い聞かせている。）

185

zhí

直

日本漢字 直　繁体字 直

🔊 Track 193

単語／表現

形 zhí jiē **直接** (直接の、じかに)

副 yì zhí **一直** (ずっと、まっすぐに)

形 bǐ zhí **笔直** (まっすぐである)

例文

- rè de zhí mào hàn
热得直冒汗。 (暑くて汗が止まらない。)

- jiǎn zhí bù kě sī yì
简直不可思议! (まったく信じられない!)

- tā de xìng gé hěn zhí shuǎng
他的性格很直爽。 (彼は率直でさっぱりとした性格だ。)

- zhè li zhí zǒu yòu guǎi jiù dào le
这里直走右拐就到了。 (ここをまっすぐ行って右に曲がれば着くよ。)

186

tí

题

日本漢字 題　繁体字 題

🔊 Track 194

単語／表現

名 tí mù **题目** (題、タイトル)

名 huà tí **话题** (話題)

名 wèn tí **问题** (問題)

例文

- yǒu shén me wèn tí ma
有什么问题吗? (何か問題ある?)

- wǒ men huàn ge huà tí ba
我们换个话题吧。 (話題を変えよう。)

- wǒ bú huì zuò zhè dào tí
我不会做这道题。 (私はこの問題が解けない。)

- bú yào lǎo shi xiǎo tí dà zuò
不要老是小题大做。 (いちいち小さいことを大げさにしないで。)

187

dǎng

党

日本漢字 党　　繁体字 黨

🔊 Track 195

単語／表現

名 党派 dǎng pài （党派）

名 同党 tóngdǎng （同僚、仲間）

名 死党 sǐ dǎng （一番信頼している特別な仲間、マブダチ）

例文

- 他们是同党。 tā men shì tóngdǎng （彼らは仲間だ。）

- 你支持哪个党派? nǐ zhī chí nǎ ge dǎng pài （あなたはどの党を支持する?）

- 党的领导很重要。 dǎng de lǐng dǎo hěn zhòng yào （党のリーダーはとても重要だ。）

188

chéng

程

日本漢字 程　　繁体字 程

🔊 Track 196

単語／表現

名 程度 chéng dù （レベル、程度）

名 课程 kè chéng （課程、カリキュラム）

名 旅程 lǚ chéng （旅行のスケジュール、旅程）

名 过程 guò chéng （過程、プロセス）

例文

- 路程很远。 lù chéng hěn yuǎn （道のりは遠い。）

- 过程比结果更重要。 guò chéng bǐ jié guǒ gèng zhòng yào （結果より過程が大事だ。）

- 这次的出差行程很紧。 zhè cì de chū chāi xíng chéng hěn jǐn （今回の出張はスケジュールがきつい。）

- 他已经到了无可救药的程度了。 tā yǐ jing dào le wú kě jiù yào de chéng dù le （彼はすでに救いようのない段階まできている。）

119

189 zhǎn

日本漢字 展　**繁体字** 展

◀)) Track **197**

単語／表現

zhǎn xiàn
動 **展现** （現れる、展開する）

zhǎn shì
動 **展示** （展示する、明らかに示す）

fā zhǎn
動 **发展** （発展する、拡大する）

jìn zhǎn
動 **进展** （進展する、はかどる）

例文

jìn zhǎn zěn me yàng
• **进展怎么样？** （進展はどう？）

tā zhǎn shì le zì jǐ de cháng chù
• **他展示了自己的长处。** （彼は自分の長所をアピールした。）

zhǎn lǎn huì míng tiān jiù yào kāi mù le
• **展览会明天就要开幕了。** （展覧会は明日にはもう開幕だ。）

zhè ge xiàng mù yǒu fā zhǎn qián tú
• **这个项目有发展前途。** （このプロジェクトは将来性がある。）

190 wǔ

日本漢字 五　**繁体字** 五

◀)) Track **198**

単語／表現

wǔ shí
数 **五十** （50）

wǔ guān
名 **五官** （五官、目鼻立ち）

wǔ xīng
名 **五星** （五星、5つ星）

wǔ yán liù sè
表 **五颜六色** （色とりどり）

例文

wǒ jiā zhù zài wǔ lóu
• **我家住在五楼。** （私の家は5階だ。）

zhè jiā shì wǔ xīng jí jiǔ diàn
• **这家是五星级酒店。** （ここは5つ星ホテルだ。）

nǐ jīn tiān wǔ diǎn qián néng huí lai ma
• **你今天五点前能回来吗？** （今日5時までに帰って来られる？）

tā de wǔ guān zhǎng de hěn biāozhǔn
• **她的五官长得很标准。** （彼女の顔立ちはとても整っている。）

191

guǒ

果

日本漢字 **果**　繁体字 **果**

🔊 Track **199**

単語／表現

	guǒ rán	
副	**果然**	（やはり、案の定）

	hòu guǒ	
名	**后果**	（（悪い）結果）

	jié guǒ	
名	**结果**	（結果、結局）

	shuǐ guǒ	
名	**水果**	（果物）

例文

- hòu guǒ wǒ fù zé
  后果我负责。（後のことは私が責任を取る。）

- wǒ měi tiān dōu chī shuǐ guǒ
  我每天都吃水果。（私は毎日果物を食べる。）

- nǐ shuō de guǒ rán méi cuò
  你说的果然没错。（やはりあなたの言う通りだった。）

- shén me shì dōu yǒu yīn jiù yǒu guǒ
  什么事都有因就有果。（何事にも原因と結果がある。）

192

liào

料

日本漢字 **料**　繁体字 **料**

🔊 Track **200**

単語／表現

	liào lǐ	
名	**料理**	（料理）

	zī liào	
名	**资料**	（資料、生活上の必需品）

	sù liào	
名	**塑料**	（プラスチック）

	xiāng liào	
名	**香料**	（香料、スパイス）

例文

- wǒ xǐ huan chī rì běn liào lǐ
  我喜欢吃日本料理。（私は日本食が好きだ。）

- zī liào zhǔn bèi hǎo le ma
  资料准备好了吗?（資料は準備してある?）

- zhè dào cài yòng le shén me tiáo wèi liào
  这道菜用了什么调味料?（この料理は何の調味料を使ったの?）

- bú liào chū le yì diǎn wèn tí
  不料，出了一点问题。（思いがけず少し問題が起きた。）

121

193

xiàng

象

日本漢字 象　繁体字 象

◀)) Track 201

単語／表現

動 名 **想象** xiǎngxiàng （想像する／想像、イメージ）

名 **印象** yìn xiàng （印象、イメージ）

名 **气象** qì xiàng （気象、状況、気概）

名 **大象** dà xiàng （ゾウ）

例文

- **你会下象棋吗?** nǐ huì xià xiàng qí ma （中国将棋はできる?）

- **你对我有什么印象?** nǐ duì wǒ yǒu shén me yìn xiàng （私に対してどんな印象がある?）

- **事情超出了我的想象。** shì qing chāo chū le wǒ de xiǎngxiàng （事態は私の想像を超えた。）

- **我最喜欢的动物是大象。** wǒ zuì xǐ huan de dòng wù shì dà xiàng （私が1番好きな動物はゾウだ。）

194

yuán yún yùn

员

日本漢字 員　繁体字 員

◀)) Track 202

単語／表現

名 **员工** yuángōng （従業員、スタッフ）

名 **演员** yǎn yuán （役者）

名 **人员** rén yuán （人員、要員）

名 **店员** diànyuán （店員）

例文

- **我是公司职员。** wǒ shì gōng sī zhí yuán （私は会社員だ。）

- **服务员正在忙。** fú wù yuánzhèng zài máng （店員さんは忙しくしている。）

- **他是我们团队的一员。** tā shì wǒ mentuán duì de yì yuán （彼は私たちのチームの一員だ。）

- **这个演员的演技很好。** zhè ge yǎn yuán de yǎn jì hěn hǎo （この役者の演技はとても良い。）

195

gé jí

革

日本漢字 革　**繁体字** 革

単語／表現

動 形 **革命** gé mìng（革命を行う／革命的である）

動 **革新** gé xīn（革新する）

動 **改革** gǎi gé（改革する、革新する）

例文

・**革命改变了历史。**（革命が歴史を変えた。）
gé mìng gǎi biàn le lì shǐ

・**这个包是人造革吗?**（このカバンは合皮?）
zhè ge bāo shì rén zào gé ma

・**这是前所未有的改革。**（これはいまだかつてない改革だ。）
zhè shì qián suǒ wèi yǒu de gǎi gé

・**今天重点讨论技术革新问题。**（今日は技術革新の問題を重点的に討論する。）
jīn tiān zhòng diǎn tǎo lùn jì shù gé xīn wèn tí

196

wèi

位

日本漢字 位　**繁体字** 位

🔊 Track 204

単語／表現

名 **位置** wèi zhi（位置、場所、地位）

名 **座位** zuò wèi（座席、席）

名 **单位** dān wèi（単位、勤め先）

例文

・**请问几位?**（何名様ですか?）
qǐng wèn jǐ wèi

・**这是我的座位。**（ここは私の席だ。）
zhè shì wǒ de zuò wèi

・**他是一位伟大的哲学家。**（彼は偉大な哲学者だ。）
tā shì yí wèi wěi dà de zhé xué jiā

・**各位到齐了就开始开会吧。**（皆さんお揃いなら、会議を始めよう。）
gè wèi dào qí le jiù kāi shǐ kāi huì ba

197 rù

入

日本漢字 入　**繁体字** 入

🔊 Track 205

単語／表現

動 **入迷** rù mí（熱中する、夢中になる）

名 動 **收入** shōu rù（収入／受け取る、収める）

動 **进入** jìn rù（入る）

動 **加入** jiā rù（入れる、加入する）

例文

- **输入邮件地址。** shū rù yóu jiàn dì zhǐ（メールアドレスを入力する。）
- **入口在哪里?** rù kǒu zài nǎ li（入り口はどこ?）
- **这里需要入场费。** zhè li xū yào rù chǎng fèi（ここは入場料が必要だ。）
- **我学汉语刚刚入门。** wǒ xué hàn yǔ gānggāng rù mén（私は中国語を勉強し始めたばかりです。）

198 cháng

常

日本漢字 常　**繁体字** 常

🔊 Track 206

単語／表現

名 **常识** cháng shí（常識、一般的な知識）

副 形 **非常** fēi cháng（非常に／普通でない）

形 名 **平常** píngcháng（普通である／普段）

名 **往常** wǎngcháng（今まで、普段）

例文

- **非常抱歉。** fēi cháng bào qiàn（非常に申し訳ない。）
- **他常常熬夜。** tā chángcháng áo yè（彼はよく夜更かしをする。）
- **这个现象很正常。** zhè ge xiànxiàng hěn zhèngcháng（この現象は正常なことだ。）
- **他常年在外旅游。** tā chángnián zài wài lǚ yóu（彼はいつも海外を旅している。）

wén

文

日本漢字 文　繁体字 文

単語／表現

wén huà
名 **文化**（文化）

wénmíng
名 形 **文明**（文明／道徳的な）

zuò wén
動 名 **作文**（作文する／作文）

yǔ wén kè
名 **语文课**（国語の授業）

例文

wǒ bú shàncháng xiě zuò wén
- **我不擅长写作文。**（私は作文が得意ではない。）

kè wénquán fù xí wán le
- **课文全复习完了。**（（教科書の）本文の復習が全部終わった。）

zhè piānwénzhāng xiě de zhēn hǎo
- **这篇文章写得真好。**（この文章は本当によく書けている。）

wǒ hěn xǐ huan rì běn de wén huà
- **我很喜欢日本的文化。**（私は日本の文化がとても好きだ。）

zǒng

总

日本漢字 総　繁体字 總

単語／表現

zǒng shì
副 **总是**（いつも）

zǒng jié
動 名 **总结**（総括する、まとめる／総括）

zǒnggòng
副 **总共**（全部で、合計して）

例文

zǒnggòng shì sān bǎi yuán
- **总共是三百元。**（合計で300元だ。）

bié zǒng shì chī líng shí
- **别总是吃零食。**（お菓子ばかり食べないで。）

zǒng de lái shuō hěn chénggōng
- **总的来说很成功。**（総じて言えば成功だ。）

zhè jiàn shì zǒngsuàn bàn chéng le
- **这件事总算办成了。**（やっとのことでこの件を成し遂げた。）

チンジャオロース編

この章に出てくるのは201位から300位まで。漢字は単体でも意味をもつので、1文字で使うことも多いです。気になった漢字は単体で辞書を引いて、理解を深めるのもおすすめですよ。

201

cì

次

日本漢字 **次**　繁体字 **次**

単語／表現

名 **次数** cì shù （回数）

形 **次要** cì yào （あまり大事でない、二の次）

名 **名次** míng cì （席次、席順、順位）

副 **再次** zài cì （再度）

例文

- **这次我请客。** zhè cì wǒ qǐng kè （今回は私が奢るよ。）

- **你第一次来这里吗?** nǐ dì yī cì lái zhè li ma （ここに来るのは初めて?）

- **我每周去两次健身房。** wǒ měi zhōu qù liǎng cì jiàn shēnfáng （私は週に2回ジムに行く。）

- **这是一次非常宝贵的经验。** zhè shì yí cì fēi cháng bǎo guì de jīng yàn （これは非常に貴重な経験だ。）

202

pǐn

品

日本漢字 **品**　繁体字 **品**

◀» Track
210

単語／表現

名 **食品** shí pǐn （食料品、食品）

名 **礼品** lǐ pǐn （プレゼント）

名 **商品** shāng pǐn （商品）

名 **作品** zuò pǐn （作品）

例文

- **他很有品味。** tā hěn yǒu pǐn wèi （彼には品位が感じられる。）

- **我不能吃乳制品。** wǒ bù néng chī rǔ zhì pǐn （私は乳製品が食べられない。）

- **这个产品质量很好。** zhè ge chǎn pǐn zhì liàng hěn hǎo （この商品は品質が良い。）

- **我不喜欢品行不良的人。** wǒ bù xǐ huan pǐn xíng bù liáng de rén （私は品行が良くない人は好きじゃない。）

203

shì

式

日本漢字 **式**　繁体字 **式**

単語／表現

名 **方式** fāng shì （方式、形式、やり方）

形 **正式** zhèng shì （正式の、公式の）

名 **模式** mó shì （モデル（となるもの）、様式）

名 **仪式** yí shì （儀式）

例文

- **试试其他的方式吧。** shì shi qí tā de fāng shì ba （他のやり方も試してみよう。）

- **把手机调到飞行模式。** bǎ shǒu jī tiáo dào fēi xíng mó shì （携帯を機内モードに設定する。）

- **这是最新的款式吗?** zhè shì zuì xīn de kuǎn shì ma （これは最新のデザイン?）

- **我喜欢现在的生活方式。** wǒ xǐ huanxiàn zài de shēng huó fāng shì （今の生活スタイルを気に入っている。）

204

huó

活

日本漢字 **活**　繁体字 **活**

単語／表現

動 名 **活动** huó dòng （体を動かす／活動、イベント）

名 **活力** huó lì （活力、精力）

名 **生活** shēng huó （生活）

動 **干活** gàn huó （働く、仕事をする）

例文

- **活该!** huó gāi （自業自得!）

- **活动活动吧。** huó dòng huó dòng ba （ちょっと身体を動かそう。）

- **赶紧干活吧。** gǎn jǐn gàn huó ba （さっさと働こう。）

- **我一个人在国外生活。** wǒ yí ge rén zài guó wài shēng huó （私は1人で海外生活をしている。）

205

shè

设

日本漢字 設　繁体字 設

🔊 Track 213

単語／表現

動 名 **设备** shè bèi（備え付ける／設備、備品）

動 **设计** shè jì（設計する、デザインする）

動 **设立** shè lì（設立する、設ける）

例文

- 我是设计师。wǒ shì shè jì shī（私はデザイナーだ。）
- 设立一个小目标。shè lì yí ge xiǎo mù biāo（小さな目標を立てる。）
- 这家酒店的设备很齐全。zhè jiā jiǔ diàn de shè bèi hěn qí quán（このホテルの設備は何でも揃っている。）
- 这是敌人设下的圈套。zhè shì dí rén shè xià de quān tào（これは敵が仕掛けた罠だ。）

206

jí

及

日本漢字 及　繁体字 及

🔊 Track 214

単語／表現

形 副 **及时** jí shí（ちょうど良い時に／早速）

動 **及格** jí gé（（試験に）合格する）

動 **普及** pǔ jí（普及する、普及させる）

例文

- 我等不及了。wǒ děng bù jí le（もう待ちきれない。）
- 你来的太及时了！nǐ lái de tài jí shí le（ちょうど良い時に来たよ！）
- 及早采取行动吧。jí zǎo cǎi qǔ xíng dòng ba（早いうちに行動しよう。）
- 我的经验还不及他的一半。wǒ de jīng yàn hái bù jí tā de yí bàn（私の経験はまだ彼の半分にも及ばない。）

207 guǎn

管

日本漢字 管 繁体字 管

🔊 Track 215

単語／表現

動 **管理** guǎn lǐ （管理する、取り締まる）

副 **尽管** jǐn guǎn （かまわずに、〜にもかかわらず）

接 **不管** bù guǎn （〜であろうと）

例文

- **我不管了。** wǒ bù guǎn le （もう知らない。）

- **这个项目由我管。** zhè ge xiàng mù yóu wǒ guǎn （このプロジェクトは私が管理する。）

- **你不要多管闲事。** nǐ bú yào duō guǎn xián shì （余計なお世話はしないで。）

- **管他呢，先试试再说。** guǎn tā ne xiān shì shi zài shuō （かまうもんか、とりあえず試してみよう。）

208 tè

特

日本漢字 特 繁体字 特

🔊 Track 216

単語／表現

形 副 **特别** tè bié （特別である／とりわけ、特に）

名 **特点** tè diǎn （特徴、特色）

形 **特殊** tè shū （特殊である、特別である）

名 **特征** tè zhēng （特徴）

例文

- **这里是特价区。** zhè li shì tè jià qū （ここはセールエリアだ。）

- **今年夏天特别热。** jīn nián xià tiān tè bié rè （今年の夏はとりわけ暑い。）

- **谢谢你特地来看我。** xiè xie nǐ tè dì lái kàn wǒ （わざわざ来てくれてありがとう。）

- **龙井茶是杭州的特产。** lóng jǐng chá shì hángzhōu de tè chǎn （龍井茶は杭州の特産品だ。）

209

jiàn

件

日本漢字 件　繁体字 件

単語／表現

yóu jiàn
名 **邮件**（郵便物、メール）

tiáo jiàn
名 **条件**（条件、要求、情況）

fù jiàn
名 **附件**（付属文書、付属品）

例文

wǒ men tōng guò yóu jiàn lián xì
• **我们通过邮件联系。**（メールで連絡をとりましょう。）

qǐng chū shì zhèng jiàn
• **请出示证件。**（身分証をご提示ください。）

wǒ yǒu yí ge tiáo jiàn
• **我有一个条件。**（1つ条件がある。）

zhè jiàn yī fu hěn shì hé nǐ
• **这件衣服很适合你。**（この服はあなたによく似合う。）

210

cháng zhǎng

长

日本漢字 長　繁体字 長

単語／表現

chángduǎn
名 **长短**（長さ、万一のこと、良し悪し）

zhǎngxiàng
名 **长相**（容貌、顔立ち）

chéngzhǎng
動 **成长**（成長する、発展する）

jiā zhǎng
名 **家长**（保護者、家長）

例文

zhè tiáo qún zi tài cháng le
• **这条裙子太长了。**（このスカートは長すぎる。）

duì zhǎng bèi yào yǒu lǐ mào
• **对长辈要有礼貌。**（目上の人には礼儀正しくしなければいけない。）

tā zhǎng de zhēn xiàng bà ba
• **他长得真像爸爸。**（彼は本当にお父さんに顔が似ている。）

méi yǒu rén néng cháng shēng bù lǎo
• **没有人能长生不老。**（不老不死の人間はいない。）

211

qiú

求

日本漢字 求　繁体字 求

🔊 Track **219**

単語／表現

動 **求助** qiú zhù （援助を求める）

動 **求婚** qiú hūn （プロポーズする）

動 名 **要求** yāo qiú （要求する／希望、要求）

動 **追求** zhuī qiú （追求する、探求する）

例文

- **我求求你了。** wǒ qiú qiu nǐ le （頼むよ。）
- **不要太追求完美。** bú yào tài zhuī qiú wán měi （完璧を追求しすぎてはいけない。）
- **我很少求别人办事。** wǒ hěn shǎo qiú bié ren bàn shì （私はめったに人に頼み事をしない。）
- **我明天要向她求婚。** wǒ míng tiān yào xiàng tā qiú hūn （明日彼女にプロポーズする。）

212

lǎo

老

日本漢字 老　繁体字 老

🔊 Track **220**

単語／表現

名 **老师** lǎo shī （先生、教師）

副 **老是** lǎo shi （いつも～だ）

名 **老家** lǎo jiā （故郷、生家）

名 **老虎** lǎo hǔ （トラ）

例文

- **我也老了。** wǒ yě lǎo le （私も歳をとった。）
- **我最近老是闯祸。** wǒ zuì jìn lǎo shi chuǎng huò （私は最近いつも問題を起こしている。）
- **我们的老师是中国人。** wǒ men de lǎo shī shì zhōng guó rén （私たちの先生は中国人だ。）
- **我今年要回老家过年。** wǒ jīn nián yào huí lǎo jiā guò nián （今年は実家に帰って年越しをする。）

213

tóu tou

头

日本漢字 頭　**繁体字** 頭

◀) Track 221

単語／表現

名 **头发** tóu fa（髪の毛）

動 副 **回头** huí tóu（振り返る、改心する／後ほど）

名 **石头** shí tou（石、岩）

名 **两头** liǎng tóu（両端、両方面、双方）

例文

- **我们回头再聊。** wǒ men huí tóu zài liáo（また後で話そう。）

- **我今天要去剪头。** wǒ jīn tiān yào qù jiǎn tóu（今日髪を切りに行く予定だ。）

- **你的口头禅是什么?** nǐ de kǒu tóu chán shì shén me（あなたの口癖は何?）

- **我头一回吃火锅。** wǒ tóu yì huí chī huǒ guō（初めて火鍋を食べる。）

214

jī

基

日本漢字 基　**繁体字** 基

◀) Track 222

単語／表現

名 **基础** jī chǔ（基礎、基盤）

名 **基因** jī yīn（遺伝子）

名 **基金** jī jīn（基金、ファンド）

例文

- **一定要打好基础。** yí dìng yào dǎ hǎo jī chǔ（必ず基礎を固めておかないといけない。）

- **基因代代相传。** jī yīn dài dài xiāng chuán（遺伝子は代々遺伝する。）

- **他的成功基于努力。** tā de chénggōng jī yú nǔ lì（彼の成功は努力に基づいている。）

- **我们的意见基本上一致。** wǒ men de yì jiàn jī běnshang yí zhì（私たちの意見は基本的に一致している。）

215

zī

资

日本漢字 資　**繁体字** 資

🔊 Track **223**

単語／表現

名 **资源** zī yuán （資源、リソース）

名 **资格** zī gé （資格）

名 **资金** zī jīn （資金）

名 **工资** gōng zī （賃金、給料）

例文

- **今天发工资。** jīn tiān fā gōng zī （今日は給料日だ。）

- **他天资聪明。** tā tiān zī cōngming （彼は生まれつき賢い。）

- **我没有参赛资格。** wǒ méi yǒu cān sài zī gé （私は試合への出場資格がない。）

- **身体是我们最重要的资产。** shēn tǐ shì wǒ men zuì zhòng yào de zī chǎn （身体は私たちの一番大事な財産だ。）

216

biān bian

边

日本漢字 辺　**繁体字** 邊

🔊 Track **224**

単語／表現

方 **旁边** pángbiān （横、そば、傍ら）

名 **路边** lù biān （道端、道路わき）

名 **边界** biān jiè （境界、境）

方 **左边** zuǒ bian （左側、左の方）

例文

- **我想坐在你旁边。** wǒ xiǎng zuò zài nǐ pángbiān （あなたの横に座りたい。）

- **我们去那边吧。** wǒ men qù nà bian ba （あっちに行こう。）

- **不要边吃饭边看手机。** bù yào biān chī fàn biān kàn shǒu jī （ご飯を食べながら携帯を見ないで。）

- **往左边走还是右边走？** wǎng zuǒ bian zǒu hái shì yòu bian zǒu （左か右どちらに進む？）

217

liú

流

日本漢字 流　**繁体字** 流

●) Track **225**

単語／表現

動 **流泪**〔liú lèi〕（涙を流す）

動 **流浪**〔liú làng〕（流浪する、さすらう）

形 **流畅**〔liú chàng〕（流暢である）

名 **河流**〔hé liú〕（河川、川の流れ）

例文

- 我笑得流眼泪了。〔wǒ xiào de liú yǎn lèi le〕（笑いすぎて涙が出た。）
- 时间不能倒流。〔shí jiān bù néng dào liú〕（時間は巻き戻せない。）
- 你的中文说得很流利。〔nǐ de zhōngwénshuō de hěn liú lì〕（あなたの中国語はとても流暢だ。）
- 这部电影的剧本是一流的。〔zhè bù diànyǐng de jù běn shì yī liú de〕（この映画の脚本は一流だ。）

218

lù

路

日本漢字 路　**繁体字** 路

●) Track **226**

単語／表現

動 **迷路**〔mí lù〕（道に迷う）

動 **走路**〔zǒu lù〕（歩く）

名 **马路**〔mǎ lù〕（道路、大通り）

例文

- 我迷路了。〔wǒ mí lù le〕（道に迷った。）
- 我已经在路上了。〔wǒ yǐ jīng zài lù shang le〕（もう道中だよ。）
- 这是唯一的出路。〔zhè shì wéi yī de chū lù〕（これが唯一の出口だ。）
- 好好整理一下思路。〔hǎo hǎo zhěng lǐ yí xià sī lù〕（構想をきちんと整理する。）

第3章　チンジャオロース編

6

219

jí

级

日本漢字 級 繁体字 級

単語／表現

名 **级别** jí bié （等級、ランク）

名 **班级** bān jí （学年とクラス）

名 **年级** nián jí （学年）

例文

- **我在上初级班。** wǒ zài shàng chū jí bān （私は初級クラスに通っている。）

- **你今年念几年级了？** nǐ jīn niánnián jǐ nián jí le （今年で何年生になった?）

- **这个餐厅好高级啊。** zhè ge cān tīng hǎo gāo jí a （このレストラン高級だなあ。）

- **他得到了上级的肯定。** tā dé dào le shàng jí de kěn dìng （彼は上司に認められた。）

220

shǎo shào

少

日本漢字 少 繁体字 少

単語／表現

名 **少量** shǎoliàng （少量の、少しばかり）

動 **减少** jiǎn shǎo （減らす、少なくなる）

名 **少年** shàonián （少年少女）

例文

- **他话很少。** tā huà hěn shǎo （彼は口数が少ない。）

- **少吃多运动。** shǎo chī duō yùn dòng （食べるのを控えてたくさん運動する。）

- **还少一双筷子。** hái shǎo yì shuāngkuài zi （箸があと一膳足りない。）

- **你的电话号码是多少？** nǐ de diàn huà hào mǎ shì duō shao （あなたの電話番号は?）

…… どの言語も類義語ってやっぱりたくさんあるね。

まとめて覚えると効率が良さそう。……

 …… ニュアンスの違いを理解して使い分けできたらよりいいね。

よく見かける30個をまとめてみたよ！ ……

🔊 Track **229**

观	看
guān	kàn
見る、眺める	見る
赶快	**赶紧**
gǎn kuài	gǎn jǐn
早く、急いで	大急ぎで
美丽	**漂亮**
měi lì	piào liang
美しい	きれいである
淘气	**调皮**
táo qì	tiáo pí
やんちゃである	腕白である

入	进
rù	jìn
入る	入る
突然	**忽然**
tū rán	hū rán
突然	突然、思いがけなく
经常	**常常**
jīng cháng	cháng cháng
しょっちゅう	よく、いつも
整齐	**整洁**
zhěng qí	zhěng jié
整然としている	きちんとしている

藏	躲
cáng	duǒ
隠れる	隠れる、身をかわす
中心	**中央**
zhōng xīn	zhōng yāng
真ん中	中央、真ん中
如果	**假如**
rú guǒ	jiǎ rú
もしも	もしも～なら
听从	**服从**
tīng cóng	fú cóng
言うことを聞く	服従する

特别	特殊	疲劳	疲惫	遇到	碰到
tè bié	tè shū	pí láo	pí bèi	yù dào	pèng dào
特別である	特殊である	疲れている	疲れきっている	出会う	出くわす
周围	四周	练习	训练	诚实	老实
zhōu wéi	sì zhōu	liàn xí	xùn liàn	chéng shí	lǎo shi
周囲、まわり	周囲、まわり	練習する	訓練する	誠実である	誠実である、おとなしい
宣布	公布	立刻	立即	温暖	暖和
xuān bù	gōng bù	lì kè	lì jí	wēn nuǎn	nuǎn huo
宣言する	公布する	即刻	直ちに	暖かい	暖かい
准备	预备	宽广	宽阔	生气	气愤
zhǔn bèi	yù bèi	kuān guǎng	kuān kuò	shēng qì	qì fèn
準備する	準備する	広い	広い	怒る	怒る
准确	正确	证明	证实	好像	似乎
zhǔn què	zhèng què	zhèng míng	zhèng shí	hǎo xiàng	sì hū
確かである	正しい	証明する	実証する	まるで～のようだ	～のようである
闻名	著名	详细	具体	供应	供给
wén míng	zhù míng	xiáng xì	jù tǐ	gōng yìng	gōng jǐ
有名である	著名である	詳しい	具体的である	供給する	供給する

221

tú

日本漢字 **図**　繁体字 **圖**

単語／表現

名 **图片** tú piàn （図、絵、写真）

名 **图画** tú huà （図画、図絵）

動 **试图** shì tú （たくらむ、～しようと試みる）

動 **企图** qǐ tú （たくらむ、企てる）

例文

- **你在图什么?** nǐ zài tú shén me （何をたくらんでるの？）

- **这个图片很好看。** zhè ge tú piàn hěn hǎo kàn （この絵はとてもキレイだ。）

- **这个图片可以发给我吗?** zhè ge tú piàn kě yǐ fā gěi wǒ ma （この画像私に送ってくれる？）

- **做生意不能只图赚钱。** zuò shēng yì bù néng zhǐ tú zhuànqián （商売は金儲けばかりではいけない。）

222

shān

日本漢字 **山**　繁体字 **山**

単語／表現

名 **山水** shānshuǐ （山水、山から流れ出る水）

名 **山羊** shānyáng （ヤギ）

名 **高山** gāo shān （高山、高い山）

名 **江山** jiāngshān （山河）

例文

- **你是我的靠山。** nǐ shì wǒ de kào shān （あなたは私の後ろ盾だ。）

- **我的爱好是爬山。** wǒ de ài hào shì pá shān （私の趣味は登山だ。）

- **这是一座活火山。** zhè shì yí zuò huó huǒshān （この山は活火山だ。）

- **我不敢坐过山车。** wǒ bù gǎn zuò guòshān chē （私はジェットコースターに乗る勇気がない。）

223

tǒng

统

日本漢字 統　繁体字 統

◀)) Track 232

単語／表現

動 **统治** tǒng zhì（統治する、支配する）

動 **统一** tǒng yī（統一する、一致する）

名 形 **传统** chuántǒng（伝統／伝統的な）

名 **总统** zǒngtǒng（大統領、総統）

例文

- **系统出错了。** xì tǒng chū cuò le（システムに問題が起きた。）

- **校服是统一的。** xiào fú shì tǒng yī de（学校の制服は統一されている。）

- **我们正在统计资料。** wǒ men zhèng zài tǒng jì zī liào（私たちは資料の統計をとっているところだ。）

- **这是我们家的传统习惯。** zhè shì wǒ men jiā de chuántǒng xí guàn（これはうちの伝統的な習慣だ。）

224

jiē

接

日本漢字 接　繁体字 接

◀)) Track 233

単語／表現

形 **直接** zhí jiē（直接の、じかに）

動 **接班** jiē bān（勤務を引き継ぐ）

名 **接送** jiē sòng（送り迎え）

動 **接待** jiē dài（接待する、応接する）

例文

- **我去接你。** wǒ qù jiē nǐ（私が迎えにいくよ。）

- **接下来干什么？** jiē xià lái gàn shén me（次は何をする？）

- **帮我接一杯水。** bāng wǒ jiē yì bēi shuǐ（水を一杯汲んで。）

- **一接到消息我就出门了。** yì jiē dào xiāo xi wǒ jiù chū mén le（私たちは知らせを受けるとすぐに出かけた。）

225

zhī zhì

知

日本漢字 知　**繁体字** 知

単語／表現

動 **知道** zhī dào （知っている）

形 **知名** zhī míng （有名である、名高い）

名 **知己** zhī jǐ （知己、理解者）

動 **认知** rèn zhī （認知する）

例文

- **我不知道。** wǒ bù zhī dào （知らない。）
- **我已经很知足了。** wǒ yǐ jīng hěn zhī zú le （私はもう満足している。）
- **我学到了很多新知识。** wǒ xué dào le hěn duō xīn zhī shi （新しい知識をたくさん学んだ。）
- **我不知不觉就睡着了。** wǒ bù zhī bù jué jiù shuìzháo le （いつのまにか眠っていた。）

226

jiào

较

日本漢字 較　**繁体字** 較

単語／表現

動 **较量** jiào liàng （腕を比べる、勝負する）

動 副 **比较** bǐ jiào （比較する／比較的に）

動 **计较** jì jiào （あれこれ計算してこだわる、言い争う）

例文

- **不跟你计较了。** bù gēn nǐ jì jiào le （あなたと言い争うのはやめる。）
- **我们较量一下。** wǒ men jiào liàng yí xià （ちょっと腕比べしよう。）
- **他的意见比较靠谱。** tā de yì jiàn bǐ jiào kào pǔ （彼の意見は比較的信用できる。）
- **这个比那个较大一些。** zhè ge bǐ nà ge jiào dà yì xiē （これはあれより少し大きい。）

227
jiāng jiàng qiāng

将

日本漢字 将　繁体字 將

単語／表現

名 将来 jiāng lái （将来、未来）

名 麻将 má jiàng （麻雀）

名 将士 jiàng shì （将兵）

副 即将 jí jiāng （まもなく～する）

例文

- 将就将就吧。 jiāng jiu jiāng jiu ba （我慢しよう。）

- 你会打麻将吗? nǐ huì dǎ má jiàng ma （麻雀できる?）

- 我在为将来做打算。 wǒ zài wèi jiāng lái zuò dǎ suan （将来のために計画している。）

- 他是古代有名的大将军。 tā shì gǔ dài yǒu míng de dà jiāng jūn （彼は古代の有名な大将軍だ。）

228
zǔ

组

日本漢字 組　繁体字 組

単語／表現

動 组合 zǔ hé （組み合わせる）

動 名 组织 zǔ zhī （組織する／組み立て、構成）

名 词组 cí zǔ （句、連語、フレーズ）

例文

- 三人一组组队。 sān rén yì zǔ zǔ duì （三人一組でチームを組む。）

- 我们是一个组的。 wǒ men shì yí ge zǔ de （私たちは同じグループだ。）

- 我正在组装新家具。 wǒ zhèng zài zǔ zhuāng xīn jiā jù （新しい家具を組み立てているところだ。）

- 他们是我最爱的偶像组合。 tā men shì wǒ zuì ài de ǒu xiàng zǔ hé （彼らは私の一番好きな アイドルグループだ。）

229

jiàn xiàn

见

日本漢字 見　**繁体字** 見

単語／表現

動 **看见** kàn jiàn （目に入る、見える）

動 **见识** jiàn shi （経験と知識、見聞を広める）

動 **见面** jiàn miàn （対面する、顔を合わせる）

名 **意见** yì jiàn （意見）

例文

- **看见了吗?** kàn jiàn le ma （見えた?）

- **请别见怪。** qǐng bié jiàn guài （悪く思わないでください。）

- **我们下午见面。** wǒ men xià wǔ jiàn miàn （午後に会おう。）

- **你听见刚才的广播了吗?** nǐ tīng jiàn gāng cái de guǎng bō le ma （さっきの放送聞こえた?）

230

jì

计

日本漢字 計　**繁体字** 計

単語／表現

動 **计较** jì jiào （あれこれ計算してこだわる、言い争う）

動 **计算** jì suàn （計算する、計画する、企む）

名 動 **计划** jì huà （計画／計画する）

例文

- **别跟他计较。** bié gēn tā jì jiào （彼ともめるのはやめよう。）

- **体温计坏了。** tǐ wēn jì huài le （体温計が壊れた。）

- **学习需要有计划。** xué xí xū yào yǒu jì huà （学習には計画が必要だ。）

- **估计今天来不及了。** gū jì jīn tiān lái bu jí le （今日は間に合いそうにない。）

231

bié biè

别

日本漢字 **别**　繁体字 **別、彆**　🔊 Track **240**

単語／表現

名 **别人** bié ren （他人、他の人）

動 副 **分别** fēn bié （別れる、区別する／それぞれ）

動 名 **区别** qū bié （分ける／違い、差）

形 副 **别扭** biè niu （ひねくれている、意見が合わない、ぎこちない）

例文

- **别开门。** bié kāi mén （ドアを開けないで。）

- **别让我失望。** bié ràng wǒ shī wàng （失望させないで。）

- **你们闹别扭了吗？** nǐ men nào biè niu le ma （あなた達もめてるの？）

- **别人的事我们不要管。** bié ren de shì wǒ men bú yào guǎn （他の人のことは構わないでおこう。）

232

tā jiě

她

日本漢字 **她**　繁体字 **她**　🔊 Track **241**

単語／表現

代 **她** tā （彼女）

代 **她们** tā men （彼女たち）

例文

- **她们是姐妹。** tā men shì jiě mèi （彼女達は姉妹だ。）

- **她是我的初中同学。** tā shì wǒ de chū zhōng tóng xué （彼女は私の中学の同級生だ。）

- **听说她今天来不了了。** tīng shuō tā jīn tiān lái bu liǎo le （彼女は今日来られないらしい。）

- **你知道她叫什么名字吗？** nǐ zhī dào tā jiào shén me míng zi ma （彼女の名前知ってる？）

233

shǒu

手

日本漢字 手　繁体字 手

◀) Track
242

単語／表現

名 **对手** duì shǒu （相手、ライバル）

名 **手指** shǒu zhǐ （指）

名 **选手** xuǎnshǒu （選手）

名 **手术** shǒu shù （手術）

例文

- **洗手了吗?** xǐ shǒu le ma （手洗った?）

- **我不是他的对手。** wǒ bú shì tā de duì shǒu （私は彼の相手にならない。）

- **我下个月要做手术。** wǒ xià ge yuè yào zuò shǒu shù （私は来月手術をする。）

- **这是我的拿手菜** zhè shì wǒ de ná shǒu cài （これは私の得意料理だ。）

234

jiǎo jué

角

日本漢字 角　繁体字 角

◀) Track
243

単語／表現

名 **角度** jiǎo dù （角度）

名 **角色** jué sè （役、役柄）

名 **角落** jiǎo luò （隅、辺鄙なところ）

名 **豆角** dòu jiǎo （サヤインゲン）

例文

- **换个角度看看。** huàn ge jiǎo dù kàn kan （角度を変えて見てみよう。）

- **今天的主角是你。** jīn tiān de zhǔ jué shì nǐ （今日の主役は君だよ。）

- **小猫趴在墙角。** xiǎomāo pā zài qiáng jiǎo （子猫が壁の隅で横ばいになっている。）

- **他是一个很重要的角色。** tā shì yí ge hěn zhòng yào de jué sè （彼はとても重要な役割だ。）

第3章 チンジャオロース編

146

qī jī

期

日本漢字 期　**繁体字** 期

🔊 Track 244

単語／表現

動 **期待** ^{qī dài}（期待する、待ち望む）

名 **时期** ^{shí qī}（時期）

動 **过期** ^{guò qī}（期限が過ぎる、期限が切れる）

名 **保质期** ^{bǎo zhì qī}（賞味期限）

例文

- 牛奶过期了。 ^{niú nǎi guò qī le}（牛乳の賞味期限が切れた。）

- 期待你的到来。 ^{qī dài nǐ de dào lái}（あなたが来るのを楽しみにしているよ。）

- 期末考试快要开始了。 ^{qī mò kǎo shì kuài yào kāi shǐ le}（もうすぐ期末テストが始まる。）

- 下个星期一就要开学了。 ^{xià ge xīng qī yī jiù yào kāi xué le}（来週月曜には学校が始まる。）

gēn

根

日本漢字 根　**繁体字** 根

🔊 Track 245

単語／表現

名 形 副 **根本** ^{gēn běn}（根本／根本的な／まったく）

名 前 **根据** ^{gēn jù}（根拠／〜によれば）

名 **树根** ^{shù gēn}（木の根っこ）

例文

- 你根本不懂。 ^{nǐ gēn běn bù dǒng}（あなたはまったく分かっていない。）

- 有什么根据吗? ^{yǒu shén me gēn jù ma}（何か根拠はあるの?）

- 这根萝卜真大。 ^{zhè gēn luó bo zhēn dà}（この大根は本当に大きい。）

- 根是植物生命的支柱。 ^{gēn shì zhí wù shēng mìng de zhī zhù}（根っこは植物の生命の柱だ。）

237

lùn lún

论

単語／表現

動 **讨论** tǎo lùn （討論する、検討する）

動 **议论** yì lùn （議論する、話題にする）

名 **论坛** lùn tán （論壇、フォーラム）

名 **论语** lún yǔ （論語）

例文

- **你们讨论讨论。** nǐ men tǎo lùn tǎo lùn （よく話し合って。）

- **论文写得怎么样?** lùn wén xiě de zěn me yàng （論文は進んでる?）

- **你们在议论什么?** nǐ men zài yì lùn shén me （何を議論しているの?）

- **无论遇到什么困难都不放弃。** wú lùn yù dào shén me kùn nan dōu bú fàng qì （どんな困難に出くわしても諦めない。）

238

yùn

运

日本漢字 運　繁体字 運

◀) Track 247

単語／表現

動 名 **运动** yùn dòng （運動する／運動、スポーツ）

名 **运气** yùn qi （運、運命）

名 形 **幸运** xìng yùn （幸運／幸運である）

動 **运输** yùn shū （運送する、輸送する）

例文

- **祝你好运。** zhù nǐ hǎo yùn （幸運を祈るよ。）

- **你的运气真好。** nǐ de yùn qi zhēn hǎo （あなたは本当に運がいい。）

- **运费是多少钱?** yùn fèi shì duō shao qián （送料はいくら?）

- **下个月学校要开运动会。** xià ge yuè xué xiào yào kāi yùn dòng huì （来月学校の運動会がある。）

239 nóng

农

日本漢字 農　　繁体字 農

🔊 Track **248**

単語／表現

名 **农村** nóng cūn （農村）

名 **农业** nóng yè （農業）

名 **农历** nóng lì （旧暦）

例文

- **农村的风景更美。** nóng cūn de fēng jǐng gèng měi （農村の風景はもっと美しい。）

- **今天是农历几号?** jīn tiān shì nóng lì jǐ hào （今日は旧暦の何日?）

- **农业是基础产业。** nóng yè shì jī chǔ chǎn yè （農業は基礎産業だ。）

- **农场里有很多动物。** nóng chǎng li yǒu hěn duō dòng wù （農場にはたくさんの動物がいる。）

240 zhǐ

指

日本漢字 指　　繁体字 指

🔊 Track **249**

単語／表現

動 **指责** zhǐ zé （非難する）

名 **指甲** zhǐ jia （(手足の) 爪）

動 名 **指示** zhǐ shì （指示する／指示）

例文

- **请多多指教。** qǐng duō duō zhǐ jiào （ご指導よろしくお願いします。）

- **指甲刀在哪儿?** zhǐ jia dāo zài nǎr （爪切りはどこ?）

- **你指的是什么意思?** nǐ zhǐ de shì shén me yì si （なんのことを言ってるの?）

- **我受到了严厉的指责。** wǒ shòu dào le yán lì de zhǐ zé （私は厳しい非難を受けた。）

‥‥ 対義語って辞書によく載ってるよね。

片方を調べた時にもう片方もチェックしておきたいところ。‥‥

 ‥‥ でもかなり多そうだからまとめて見たいかも。

じゃあ、基礎的なものを40個、表にしてみるね！ ‥‥

🔊 Track **250**

大	小	多	少	上	下	前	后
dà	xiǎo	duō	shǎo	shàng	xià	qián	hòu
大きい	小さい	多い	少ない	上	下	前	後ろ
长	**短**	**左**	**右**	**高**	**低**	**里**	**外**
cháng	duǎn	zuǒ	yòu	gāo	dī	lǐ	wài
長い	短い	左	右	高い	低い	中、内側	外、外側
好	**坏**	**新**	**旧**	**有**	**无**	**冷**	**热**
hǎo	huài	xīn	jiù	yǒu	wú	lěng	rè
良い	悪い	新しい	古い	ある	ない	寒い、冷たい	熱い、暑い
止	**行**	**得**	**失**	**收**	**放**	**问**	**答**
zhǐ	xíng	dé	shī	shōu	fàng	wèn	dá
止める	行う	得る	失う	引き締める	自由化する	聞く	答える

快	**慢**	**哭**	**笑**	**推**	**拉**	**亮**	**暗**
kuài	màn	kū	xiào	tuī	lā	liàng	àn
はやい	遅い	泣く	笑う	押す	引く	明るい	暗い
甜	**苦**	**买**	**卖**	**干**	**湿**	**开**	**关**
tián	kǔ	mǎi	mài	gān	shī	kāi	guān
甘い	苦い	買う	売る	乾いて いる	湿って いる	開ける	閉める
咸	**淡**	**闲**	**忙**	**深**	**浅**	**生**	**熟**
xián	dàn	xián	máng	shēn	qiǎn	shēng	shú
塩辛い	薄い	暇である	忙しい	深い	浅い	生である	煮える、 熟する
软	**硬**	**信**	**疑**	**单**	**双**	**爱**	**恨**
ruǎn	yìng	xìn	yí	dān	shuāng	ài	hèn
柔らかい	かたい	信じる	疑う	単一の、 片方の	対の、 2つの	愛する	恨む、 憎む
正常	**异常**	**特别**	**普通**	**相信**	**怀疑**	**简单**	**复杂**
zhèng cháng	yì cháng	tè bié	pǔ tōng	xiāng xìn	huái yí	jiǎn dān	fù zá
正常 である	尋常 でない	特別 である	普通 である	信じる	疑う	簡単 である	複雑 である
仔细	**马虎**	**坚强**	**软弱**	**表扬**	**批评**	**勤劳**	**懒惰**
zǐ xì	mǎ hu	jiān qiáng	ruǎn ruò	biǎo yáng	pī píng	qín láo	lǎn duò
注意深い	いい加減 だ	堅固 である	軟弱 である	ほめる	批判する	勤勉 である	怠け者 である

241 jǐ jī

几

日本漢字 幾　繁体字 幾、几

🔊 Track 251

単語／表現

代 几个 jǐ ge （いくつ）

副 几乎 jī hū （ほとんど、もう少しで）

名 茶几 chá jī （小さいテーブル、茶卓）

例文

- 几点了？ jǐ diǎn le （何時になった？）
- 昨晚几乎没睡。 zuó wǎn jī hū méi shuì （昨晩ほとんど寝られなかった。）
- 这几天好像要下雪。 zhè jǐ tiān hǎo xiàng yào xià xuě （ここ何日か雪が降るようだ。）
- 店里没几个人。 diàn li méi jǐ ge rén （店内にはほとんど人がいない。）

242 jiǔ

九

日本漢字 九　繁体字 九

🔊 Track 252

単語／表現

名 九月 jiǔ yuè （9月）

名 九组 jiǔ zǔ （9組）

表 九死一生 jiǔ sǐ yì shēng （九死に一生を得る）

表 一言九鼎 yì yán jiǔ dǐng （言葉に重みがある）

例文

- 我点了九道菜。 wǒ diǎn le jiǔ dào cài （料理を9品注文した。）
- 这件衣服是九分袖。 zhè jiàn yī fu shì jiǔ fēn xiù （この服は九分袖だ。）
- 他的生日是九月十四号。 tā de shēng rì shì jiǔ yuè shí sì hào （彼の誕生日は9月14日だ。）
- 他向来一言九鼎。 tā xiàng lái yì yán jiǔ dǐng （彼は昔から言葉に重みがある。）

243

qū ōu

区

単語／表現

動 **区分** qū fēn（区分する、区別する）

名 **地区** dì qū（地区、地域、地方）

名 **市区** shì qū（市区）

例文

- **我住在市区。** wǒ zhù zài shì qū（私は市街区に住んでいる。）

- **这两个有什么区别?** zhè liǎng ge yǒu shén me qū bié（この2つは何が違うの?）

- **我从来没来过这个地区。** wǒ cóng lái méi lái guo zhè ge dì qū（この場所には来たことがない。）

- **这个商业区很繁华。** zhè ge shāng yè qū hěn fán huá（この商業エリアはにぎやかだ。）

244

qiáng qiǎng jiàng

强

単語／表現

形 **强烈** qiáng liè（強烈である、鮮明である）

形 **坚强** jiān qiáng（堅固である、強固である）

動 形 **勉强** miǎnqiǎng（無理に強いる／いやいやながら）

形 **倔强** jué jiàng（強情である、意地っ張りである）

例文

- **不要逞强。** bú yào chěngqiáng（強がらないで。）

- **你可真倔强。** nǐ kě zhēn jué jiàng（あなたって本当に意地っ張りだね。）

- **他的决心很强。** tā de jué xīn hěn qiáng（彼の決心はとても固い。）

- **先下手为强。** xiān xià shǒu wéi qiáng（先手必勝だ。）

245

fàng

放

日本漢字 放　繁体字 放

🔊 Track **255**

単語／表現

fàng xué
動 **放学**（学校や授業が終わる）

fàng qì
動 **放弃**（放棄する、諦める）

fàngsōng
動 **放松**（リラックスさせる）

kāi fàng
動 **开放**（開放する、解除する、公開する）

例文

bié fàng qì
- **别放弃。**（諦めないで。）

fàngsōng yí xià ba
- **放松一下吧。**（少しリラックスして。）

zhōng yú fàng jià le
- **终于放假了。**（やっと休暇だ。）

bǎ bú yòng de dōng xi fàng qi lai
- **把不用的东西放起来。**（使わないものはしまっておいて。）

246

jué

决

日本漢字 決　繁体字 決

🔊 Track **256**

単語／表現

jué dìng
動 名 **决定**（決定する／決定）

jué xīn
動 名 **决心**（決心する／決心）

jiān jué
形 **坚决**（断固としている）

jiě jué
動 **解决**（解決する）

例文

jué dìng le ma
- **决定了吗？**（決めた？）

wǒ yǐ jīng xià jué xīn le
- **我已经下决心了。**（私はもう決心した。）

míng tiān jiù shì jué sài le
- **明天就是决赛了。**（明日はもう決勝だ。）

yǒu shén me hǎo de jiě jué fāng fǎ ma
- **有什么好的解决方法吗？**（何かいい解決法はある？）

第3章　チンジャオロース編

154

247

xī

西

日本漢字 西　繁体字 西

🔊 Track
257

単語／表現

名 **西瓜** (スイカ)
xī guā

名 **西服** (スーツ)
xī fú

名 **东西** (もの)
dōng xi

例文

- **我要去买东西。** (私は買い物に行く。)
wǒ yào qù mǎi dōng xi

- **你喜欢吃西红柿吗?** (トマトは好き?)
nǐ xǐ huan chī xī hóng shì ma

- **别东张西望。** (キョロキョロしないで。)
bié dōng zhāng xī wàng

- **情人眼里出西施。** ((ことわざ) 惚れた人の目には西施に見える
qíng rén yǎn li chū xī shī =あばたもえくぼ)

248

bèi

被

日本漢字 被　繁体字 被

🔊 Track
258

単語／表現

名 **被子** (布団)
bèi zi

形 **被动** (受動的である、受け身である)
bèi dòng

名 **被单** (シーツ、ベッドカバー)
bèi dān

例文

- **被你说中了。** (君の言うとおりだ。)
bèi nǐ shuōzhòng le

- **被窝里真暖和。** (布団の中はすごく暖かい。)
bèi wō li zhēnnuǎn huo

- **我被他传染感冒了。** (彼に風邪をうつされた。)
wǒ bèi tā chuán rǎn gǎn mào le

- **天气冷了，我换了厚被子。** (寒くなってきたから、分厚い布団に
tiān qì lěng le wǒ huàn le hòu bèi zi 変えた。)

249

gàn gān

干

単語／表現

- [動] **干活** gàn huó （仕事をする）
- [形] **干净** gàn jìng （清潔である、テキパキとした）
- [形] **能干** néng gàn （能力がある、仕事ができる）
- [動] **干杯** gàn bēi （乾杯する）

例文

- **干嘛?** gàn má （何？）
- **你在干什么?** nǐ zài gàn shén me （何してるの？）
- **衣服还没干呢。** yī hu hái méi gàn ne （服はまだ乾いていない。）
- **这件事情与他不干。** zhè jiàn shì qing yǔ tā bù gàn （このことは彼には関係ない。）

250

zuò

做

日本漢字 做 繁体字 做 ◀)) Track 260

単語／表現

- [動] **做事** zuò shì （事に当たる、仕事をする）
- [名] **做法** zuò fǎ （やり方、作り方）
- [表] **小题大做** xiǎo tí dà zuò （些細なことを大げさに扱う）

例文

- **我在做饭。** wǒ zài zuò fàn （私はご飯を作っている。）
- **这个人有点做作。** zhè ge rén yǒu diǎn zuò zuo （この人はちょっとわざとらしい。）
- **太小题大做了吧!** tài xiǎo tí dà zuò le ba （大げさにしすぎでしょ！）
- **我不赞同你的做法。** wǒ bú zàn tóng nǐ de zuò fǎ （あなたのやり方には賛同しない。）

251

bì

必

日本漢字 **必**　繁体字 **必**

単語／表現

形 **必要** bì yào（必要である）

表 **必去** bì qù（必ず行くべき）

副 **务必** wù bì（ぜひ、必ず）

副 **想必** xiǎng bì（きっと〜だろう）

例文

- **不必担心。** bú bì dān xīn（心配する必要はない。）

- **务必要记住。** wù bì yào jì zhu（必ず覚えておかなければならない。）

- **我必须要走了。** wǒ bì xū yào zǒu le（私はもう行かなければならない。）

- **有必要的话联系我。** yǒu bì yào de huà lián xì wǒ（必要であれば私に連絡して。）

252

zhàn

战

🔊 Track
262

日本漢字 **戦**　繁体字 **戰**

単語／表現

名 **战争** zhànzhēng（戦争）

名 **战士** zhàn shì（戦士）

動 名 **挑战** tiǎo zhàn（挑戦する／チャレンジ）

例文

- **挑战一下吧。** tiǎo zhàn yí xià ba（挑戦してみよう。）

- **我要继续战斗。** wǒ yào jì xù zhàn dòu（私は戦い続ける。）

- **我们痛恨战争。** wǒ men tòng hèn zhàn zhēng（私たちは戦争を恨んでいる。）

- **你的战略是什么?** nǐ de zhàn lüè shì shén me（あなたの戦略は何?）

253

xiān

先

日本漢字 先 **繁体字** 先

🔊 Track **263**

単語／表現

xiān jìn
形 **先进** (進んでいる、先進的である)

xiānsheng
名 **先生** (〜さん（男性に対する敬称）)

shǒuxiān
副 **首先** (まず初めに、最初に)

lǐng xiān
動 **领先** (先頭を切る、リードしている)

例文

nǐ xiān shì shi
- **你先试试。** (あなたが先に試してみて。)

xiān bú yào zháo jí
- **先不要着急。** (とりあえず焦らないで。)

wǒ xiān shuì le   wǎn ān
- **我先睡了，晚安。** (先に寝るね、おやすみ。)

xiān yǒu fù chū   cái yǒu shōu huò
- **先有付出，才有收获。** (努力してこその成果だ。)

254

huí

日本漢字 回 **繁体字** 回

🔊 Track **264**

単語／表現

huí yì
動 **回忆** (思い出す、追憶する)

huí jiā
動 **回家** (家に帰る)

huí tóu
動 副 **回头** (振り返る／後ほど、あとで)

fǎn huí
動 **返回** (戻る、帰る)

例文

huí tóu jiàn
- **回头见。** (あとで会おう。)

tā yǐ jīng huí jiā le
- **她已经回家了。** (彼女はもう帰宅した。)

wǒ bǎ diàn nǎo ná huí lai le
- **我把电脑拿回来了。** (パソコンを持って帰ってきた。)

jī huì zhǐ yǒu zhè yì huí
- **机会只有这一回。** (チャンスはこの一回だけだ。)

255

zé

則

日本漢字 則　**繁体字** 則

🔊 Track **265**

単語／表現

名 **规则** guī zé （規則、ルール）

接 **否则** fǒu zé （さもないと、でないと）

名 **准则** zhǔn zé （原則、基準）

例文

- 我不懂游戏规则。wǒ bù dǒng yóu xì guī zé （ゲームのルールが分からない。）
- 做事要有原则。zuò shì yào yǒu yuán zé （何事も原則にのっとってやらねばならない。）
- 一则新闻引起了关注。yì zé xīn wén yǐn qǐ le guān zhù （一件のニュースが注目を集めた。）
- 快起床，否则要迟到了。kuài qǐ chuáng，fǒu zé yào chí dào le （早く起きて、さもないと遅刻するよ。）

256

rèn rén

任

日本漢字 任　**繁体字** 任

🔊 Track **266**

単語／表現

名 **任务** rèn wu （任務）

動 **任性** rèn xìng （わがままにふるまう）

名 **责任** zé rèn （責任）

動 名 **信任** xìn rèn （信用して任せる／信頼）

例文

- 我没有任何异议。wǒ méi you rèn hé yì yì （私はなんの異論もない。）
- 我终于完成任务了。wǒ zhōng yú wánchéng rèn wu le （ついに任務を完了した。）
- 她是我们班的班主任。tā shì wǒ men bān de bān zhǔ rèn （彼女は私たちのクラスの担任だ。）
- 我的女朋友很任性。wǒ de nǚ péng you hěn rèn xìng （僕の彼女はとてもわがままだ。）

257

qǔ

取

日本漢字 取　繁体字 取

単語／表現

動 **取代** qǔ dài （取って代わる）

動 **取得** qǔ dé （獲得する、手に入れる）

動 **争取** zhēng qǔ （勝ち取る、実現を目指して努力する）

例文

- **不要取笑我。** bú yào qǔ xiào wǒ （からかわないで。）

- **我得采取具体行动。** wǒ děi cǎi qǔ jù tǐ xíng dòng （具体的な行動をとらないと。）

- **今天的会议取消了。** jīn tiān de huì yì qǔ xiāo le （今日の会議はキャンセルになった。）

- **我取得了好成绩。** wǒ qǔ dé le hǎo chéng jì （私は良い成績をとった。）

258

jù jū

据

日本漢字 拠　繁体字 據

単語／表現

動 **据说** jù shuō （聞くところによれば）

名 前 **根据** gēn jù （根拠／～によれば）

名 **数据** shù jù （データ、根拠となる数値）

名 **证据** zhèng jù （証拠）

例文

- **据说他升职了。** jù shuō tā shēng zhí le （彼は昇進したそうだ。）

- **这个数据正确吗？** zhè ge shù jù zhèng què ma （このデータは正確なの？）

- **据报道凶手已被抓。** jù bào dào xiōng shǒu yǐ bèi zhuā （報道によれば犯人はもう捕まったようだ。）

- **你说的内容毫无根据。** nǐ shuō de nèi róng háo wú gēn jù （あなたの言っていることには何の根拠もない。）

259

chǔ chù

处

日本漢字 **処**　繁体字 **處**

◀) Track **269**

単語／表現

動 名 **处分** (処分する／処分)
chǔ fèn

動 **处理** (処理する、処分する)
chǔ lǐ

副 **到处** (至る所、あちこち)
dào chù

名 **住处** (住む所、住所)
zhù chù

例文

- 我有我的苦处。 (私には私なりの辛いところがある。)
  wǒ yǒu wǒ de kǔ chù

- 远处传来了声音。 (遠いところから声が聞こえてきた。)
  yuǎn chù chuán lái le shēng yīn

- 他处处为我着想。 (彼は至る所で私のことを考えてくれる。)
  tā chù chù wèi wǒ zhuóxiǎng

- 这是我今晚的住处。 (ここは私の今晩泊まる所だ。)
  zhè shì wǒ jīn wǎn de zhù chù

260

duì

队

日本漢字 **隊**　繁体字 **隊**

◀) Track **270**

単語／表現

名 **队伍** (軍隊、集団、隊列)
duì wu

名 **队长** (キャプテン、隊長、リーダー)
duì zhǎng

名 **球队** ((球技の) チーム)
qiú duì

動 **排队** (列に並ぶ、列を作る)
pái duì

例文

- 他是队长。 (彼は隊長だ。)
  tā shì duì zhǎng

- 请排成一队。 (一列に並んでください。)
  qǐng pái chéng yí duì

- 排了好长的队。 (すごく長い列ができている。)
  pái le hǎo cháng de duì

- 我们队很有默契。 (私たちのチームはとても息が合っている。)
  wǒ men duì hěn yǒu mò qì

…… 四字熟語を会話でサラッと使ってみたい……！

確かにかっこいいし、ネイティブは結構よく使うよね。……

 …… まずは日常生活で使いやすいものからチャレンジしたいな。

じゃあ、使う場面が多そうな10個を見てみよう。……

🔊 Track 271

四字熟語	例文
乱七八糟	**房间怎么乱七八糟的！**
luàn qī bā zāo	fáng jiān zěn me luàn qī bā zāo de
めちゃくちゃである	どうして部屋がぐちゃぐちゃなの！
人山人海	**超市里人山人海。**
rén shān rén hǎi	chāo shì lǐ rén shān rén hǎi
人の山、人の海	スーパーの中は人が溢れかえっている。
不可思议	**这件事情太不可思议了。**
bù kě sī yì	zhè jiàn shì qing tài bù kě sī yì le
不思議である、理解できない	この件は本当に信じられない。
不知不觉	**不知不觉一年又过去了。**
bù zhī bù jué	bù zhī bù jué yì nián yòu guò qu le
知らず知らず	いつの間にかまた一年が過ぎ去った。

第3章 チンジャオロース編

162

十全十美	凡事不求十全十美。
shí quán shí měi	fán shì bù qiú shí quán shí měi
非の打ち所がない	何事も完璧は求めない。
千方百计	他千方百计地想出国留学。
qiān fāng bǎi jì	tā qiān fāng bǎi jì de xiǎng chū guó liú xué
あらゆる方法を講じる	彼はあらゆる手を尽くして海外留学をしようとしている。
三更半夜	三更半夜的发生什么事了?
sān gēng bàn yè	sān gēng bàn yè de fā shēng shén me shì le
真夜中	こんな真夜中に何が起きたの?
大惊小怪	不要总是大惊小怪。
dà jīng xiǎo guài	bú yào zǒng shì dà jīng xiǎo guài
つまらないことで大げさに騒ぐ	何でもかんでも大げさに騒がないで。
出尔反尔	你可不能出尔反尔啊。
chū ěr fǎn ěr	nǐ kě bù néng chū ěr fǎn ěr a
移り気である	言ったことは必ず守ってね。
胡思乱想	别胡思乱想了。
hú sī luàn xiǎng	bié hú sī luàn xiǎng le
あれこれとくだらないことを考える	くだらない妄想はもうやめな。

261

nán nā

日本漢字 南　繁体字 南

単語／表現

nán fāng
方 名 **南方**（南、南の方／南部地方）

jiāng nán
名 **江南**（江南）

hé nán
名 **河南**（河南省）

例文

wǒ shì nán fāng rén
- **我是南方人。**（私は南方出身だ。）

wǒ de hù jí zài nán jīng
- **我的户籍在南京。**（私の戸籍は南京にある。）

zhè ge fáng zi miànxiàng nán biān
- **这个房子面向南边。**（この家は南向きだ。）

wǒ xiǎng qù nán jí kàn jí guāng
- **我想去南极看极光。**（南極にオーロラを見に行きたい。）

262

gěi jǐ

日本漢字 給　繁体字 給

Track
273

単語／表現

gěi zú
動 **给足**（充分に与える、満ち足りる）

jiāo gěi
動 **交给**（渡す、手渡す）

gōng jǐ
動 **供给**（供給する）

例文

zhè ge gěi nǐ
- **这个给你。**（これあげる。）

gěi wǒ yí ge jī huì
- **给我一个机会。**（私にチャンスをください。）

wǒ bǎ yào shi jiāo gěi tā le
- **我把钥匙交给他了。**（私は鍵を彼に渡した。）

zài gěi wǒ yì diǎn shí jiān
- **再给我一点时间。**（もう少し時間をください。）

263

sè shǎi

色

日本漢字 **色**　繁体字 **色**

🔊 Track **274**

単語／表現

名 **颜色** yán sè（色）

名 **脸色** liǎn sè（顔色、表情）

名 **色拉** sè lā（サラダ）

動 **掉色** diào shǎi（色あせる、色が落ちる）

例文

- **我喜欢蓝色。** wǒ xǐ huan lán sè（私は青色が好きだ。）
- **这件衣服掉色。** zhè jiàn yī fu diào shǎi（この服は色落ちする。）
- **这个色拉酱真好吃。** zhè ge sè lā jiàng zhēn hǎo chī（このドレッシングは本当に美味しい。）
- **你的脸色好像不太好。** nǐ de liǎn sè hǎo xiàng bú tài hǎo（顔色があまり良くなさそうだよ。）

264

guāng

光

日本漢字 **光**　繁体字 **光**

🔊 Track **275**

単語／表現

名 形 **阳光** yáng guāng（日光／明るくはつらつとした）

動 名 **闪光** shǎn guāng（きらめく、ぱっと光る／閃光）

名 **目光** mù guāng（視線、眼光、ものを見る目）

例文

- **吃光了。** chī guāng le（食べ切った。）
- **不要光吃肉。** bú yào guāng chī ròu（肉ばかり食べないで。）
- **今天阳光真好。** jīn tiān yáng guāng zhēn hǎo（今日は日差しが気持ち良い。）
- **我要为班级争光。** wǒ yào wèi bān jí zhēng guāng（クラスのために栄光を勝ち取るぞ。）

265　mén

日本漢字　門　　繁体字　門

単語／表現

名 门口 mén kǒu （出入り口、戸口）

名 门票 ménpiào （入場券）

名 热门 rè mén （人気商品、人気の分野）

例文

- 我在门口。 wǒ zài mén kǒu （入り口にいるよ。）

- 这个话题很热门。 zhè ge huà tí hěn rè mén （この話題はとてもホットだ。）

- 我会说三门外语。 wǒ huì shuō sān mén wài yǔ （私は3カ国語を話せる。）

- 我今天要出远门。 wǒ jīn tiān yào chū yuǎn mén （今日は遠出をする予定だ。）

266　jí

日本漢字　即　　繁体字　即

単語／表現

接 即使 jí shǐ （たとえ〜としても）

接 即便 jí biàn （仮に〜としても）

副 立即 lì jí （直ちに、即座に）

例文

- 我需要立即行动。 wǒ xū yào lì jí xíng dòng （私はすぐに行動する必要がある。）

- 这蛋糕入口即化。 zhè dàn gāo rù kǒu jí huà （このケーキは口の中でとろけるようだ。）

- 比赛即将开始了。 bǐ sài jí jiāng kāi shǐ le （試合がもうすぐ始まる。）

- 我们即刻出发。 wǒ men jí kè chū fā （私たちはすぐに出発する。）

267 bǎo

保

日本漢字 保　繁体字 保

🔊 Track **278**

単語／表現

動 **保护** bǎo hù （保護する、守る）

動 **保存** bǎo cún （保存する、維持する）

動 **保持** bǎo chí （保持する、保つ）

名 形 **环保** huán bǎo （環境保護／エコな）

例文

- **保持联系！** bǎo chí lián xì （連絡取り合おうね!）

- **这件事要保密。** zhè jiàn shì yào bǎo mì （この件は秘密だ。）

- **你皮肤保养得真好。** nǐ pí fū bǎo yǎng de zhēn hǎo （肌のケアがすごくよくできてるね。）

- **我每天保证七个小时的睡眠。** wǒ měi tiān bǎo zhèng qī ge xiǎo shí de shuìmián （私は毎日7時間の睡眠時間を確保している。）

268 zhì

治

日本漢字 治　繁体字 治

🔊 Track **279**

単語／表現

動 **治理** zhì lǐ （統治する、管理する）

名 **治安** zhì ān （治安）

動 **治疗** zhì liáo （治療する）

例文

- **我正在治牙。** wǒ zhèng zài zhì yá （私は歯の治療中だ。）

- **恐高症能治好吗？** kǒng gāo zhèng néng zhì hǎo ma （高所恐怖症って治せるの?）

- **日本的治安很好。** rì běn de zhì ān hěn hǎo （日本の治安はとても良い。）

- **我每个月都去医院治疗。** wǒ měi ge yuè dōu qù yī yuàn zhì liáo （私は毎月病院に治療に行っている。）

269 běi bèi

北

| 日本漢字 北 | 繁体字 北 |

🔊 Track **280**

単語／表現

方 名 北方 běi fāng （北、北の方／北方地区）

名 北极 běi jí （北極）

名 北风 běi fēng （北風）

例文

- 我是东北人。 wǒ shì dōng běi rén （私は東北出身だ。）

- 他说话有北京腔。 tā shuō huà yǒu běi jīng qiāng （彼の話し方は北京訛りだ。）

- 北方的冬天很长。 běi fāng de dōng tiān hěn cháng （北方の冬は長い。）

- 你看没看过北极熊？ nǐ kàn méi kàn guo běi jí xióng （ホッキョクグマ見たことある?）

270 zào

造

| 日本漢字 造 | 繁体字 造 |

🔊 Track **281**

単語／表現

动 制造 zhì zào （製造する、でっち上げる）

动 创造 chuàng zào （創造する）

动 造反 zào fǎn （造反する、謀反する、たてつく）

例文

- 造反了。 zào fǎn le （謀反だ。）

- 房子快造完了。 fáng zi kuài zào wán le （家がもうすぐ完成する。）

- 他是专业的造型师。 tā shì zhuān yè de zào xíng shī （彼はプロのスタイリストだ。）

- 这是一项造福人类的发明。 zhè shì yí xiàng zào fú rén lèi de fā míng （これは人類に幸福をもたらす発明だ。）

第3章 チンジャオロース編

271 bǎi

日本漢字 **百**　繁体字 **百**

◀)) Track **282**

単語／表現

数 **一百** yì bǎi （100）

名 **百姓** bǎi xìng （一般庶民）

副 **百般** bǎi bān （いろいろな方法で、さまざまな）

例文

- **百分之百没错。** bǎi fēn zhī bǎi méi cuò （100%間違いない。）

- **这首歌百听不厌。** zhè shǒu gē bǎi tīng bú yàn （この曲は何回聴いても飽きない。）

- **这个要一百美金。** zhè ge yào yì bǎi měi jīn （これは100ドルする。）

- **这里能坐下上百人。** zhè lǐ néng zuò xia shàng bǎi rén （ここは100人以上座れる。）

272 guī

日本漢字 **規**　繁体字 **規**

◀)) Track **283**

単語／表現

名 形 **规则** guī zé （規則、法則／規則正しい）

名 形 **规矩** guī ju （決まり／行儀が良い）

名 **规模** guī mó （規模）

名 動 **犯规** fàn guī （規則違反／反則する）

例文

- **你犯规了。** nǐ fàn guī le （あなたは反則をした。）

- **一定要遵守规则。** yí dìng yào zūn shǒu guī zé （必ずルールを守らなければいけない。）

- **我们必须遵守校规。** wǒ men bì xū zūn shǒu xiào guī （私たちは校則を守らなければいけない。）

- **他每次都规规矩矩的。** tā měi cì dōu guī gui jǔ jǔ de （彼はいつも行儀が良い。）

273

rè

热

日本漢字 熱　繁体字 熱

単語／表現

名 **热水** rè shuǐ （お湯）

動 **热爱** rè ài （心から愛する）

形 名 **热闹** rè nao （にぎやかである／にぎわい）

例文

- **我热爱运动。** wǒ rè ài yùn dòng （私はスポーツが大好きだ。）

- **给我一杯热水。** gěi wǒ yì bēi rè shuǐ （お湯を一杯ください。）

- **这里真热闹。** zhè li zhēn rè nao （ここはすごく賑やかだ。）

- **天气越来越热了** tiān qì yuè lái yuè rè le （気候がだんだん暖かくなってきた。）

274

lǐng

领

日本漢字 領　繁体字 領

単語／表現

名 **本领** běn lǐng （腕まえ、才能、能力）

名 **领带** lǐng dài （ネクタイ）

動 **领先** lǐngxiān （先頭を切る、リードする）

動 **领头** lǐng tóu （先頭を切る、リードする）

例文

- **领头的是谁？** lǐng tóu de shì shéi （リーダーは誰？）

- **我送了他一条领带。** wǒ sòng le tā yì tiáo lǐng dài （彼にネクタイを一本プレゼントした。）

- **下次我领你去购物。** xià cì wǒ lǐng nǐ qù gòu wù （今度買い物に連れて行くね。）

- **他的厉害我已经领教过了。** tā de lì hai wǒ yǐ jīng lǐng jiào guo le （彼のすごさはもう拝見済みだよ。）

275 qī

七

日本漢字 七　繁体字 七

単語／表現

数 七十 qī shí (70)

名 七夕 qī xī (七夕)

表 乱七八糟 luàn qī bā zāo (めちゃくちゃである)

例文

- 我女儿今年七岁。 wǒ nǚ ér jīn nián qī suì （私の娘は今年7歳になる。）
- 房间乱七八糟的。 fáng jiān luàn qī bā zāo de （部屋がぐちゃぐちゃだ。）
- 我从来没看过北斗七星。 wǒ cóng lái méi kàn guo běi dǒu qī xīng （私は北斗七星を見たことがない。）
- 这部电视剧今晚七点首播。 zhè bù diàn shì jù jīn wǎn qī diǎn shǒu bō （このドラマは今晩7時に初放送される。）

276 hǎi

海

日本漢字 海　繁体字 海

単語／表現

名 大海 dà hǎi (海、大海)

名 海边 hǎi biān (海辺)

名 海带 hǎi dài (コンブ、ワカメ)

名 海马 hǎi mǎ (タツノオトシゴ)

例文

- 大海好美啊。 dà hǎi hǎo měi a （海がキレイだなあ。）
- 这个是新海报。 zhè ge shì xīn hǎi bào （これは新しいポスターだ。）
- 我喜欢喝海带汤。 wǒ xǐ huan hē hǎi dài tāng （私はワカメスープが好きだ。）
- 我们在海边散会儿步吧。 wǒ men zài hǎi biān sàn huìr bù ba （海辺で少し散歩しよう。）

277

kǒu

口

日本漢字 口 　繁体字 口

単語／表現

名 **口语** kǒu yǔ （口語、話し言葉）

名 **口才** kǒu cái （弁舌の才）

名 **口水** kǒu shuǐ （よだれ）

名 **借口** jiè kǒu （言い訳、口実）

例文

- **不要找借口。** bú yào zhǎo jiè kǒu （口実を探すのはやめて。）

- **他的口才很好。** tā de kǒu cái hěn hǎo （彼はとても弁が立つ。）

- **你也吃一口吧。** nǐ yě chī yì kǒu ba （あなたも一口どうぞ。）

- **我每次饭后都漱口。** wǒ měi cì fàn hòu dōu shù kǒu （私は食後に毎回口をすすぐ。）

278

dōng

东

日本漢字 東 　繁体字 東

単語／表現

方 **东边** dōngbian （東の方、東側）

名 **房东** fángdōng （大家、家主）

方 名 **东北** dōng běi （東北／東北地区）

例文

- **忘带东西了。** wàng dài dōng xi le （忘れ物をした。）

- **他是我的房东。** tā shì wǒ de fángdōng （彼はうちの大家さんだ。）

- **向东走一公里就到了。** xiàngdōng zǒu yì gōng lǐ jiù dào le （東に1キロ歩けば着く。）

- **不要老是东张西望。** bú yào lǎo shi dōngzhāng xī wàng （きょろきょろばかりしないで。）

第3章 チンジャオロース編

172

279

dǎo

导

日本漢字 導　繁体字 導

単語／表現

名 動 **导演** dǎo yǎn （(映画などの) 監督／演出する)

名 動 **导游** dǎo yóu （ガイド／観光案内をする)

動 名 **教导** jiào dǎo （指導する、教える／教え、指導)

例文

- 我来导航吧。 wǒ lái dǎo háng ba （私がナビするよ。)

- 感谢你的引导。 gǎn xiè nǐ de yǐn dǎo （案内してくれてありがとう。)

- 这部电影的导演是谁？ zhè bù diànyǐng de dǎo yǎn shì shéi （この映画の監督は誰？)

- 我们公司在做半导体。 wǒ mengōng sī zài zuò bàn dǎo tǐ （うちの会社は半導体を作っている。)

280

qì

器

日本漢字 器　繁体字 器

単語／表現

名 **电器** diàn qì （電気器具)

名 **乐器** yuè qì （楽器)

名 **器官** qì guān （器官)

名 **机器** jī qì （機械)

例文

- 有没有充电器？ yǒu méi you chōngdiàn qì （充電器ある？)

- 我想学一门乐器。 wǒ xiǎng xué yì mén yuè qì （何か楽器を習いたい。)

- 这台机器是全自动的。 zhè tái jī qì shì quán zì dòng de （この機械は全自動だ。)

- 我找不到遥控器了。 wǒ zhǎo bu dào yáo kòng qì le （リモコンが見つからなくなった。)

漢字って、いろんな覚え方があると思うけど、
形でグループ分けするのもいいね。

 発音も共通点が多かったりするから、一気に覚えやすいかも！

 確かに。同じ発音で声調だけ違うものには要注意だね。

 せっかくだから、単語も一緒に覚えちゃおう！

🔊 Track　292

工	工作	红	红色	虹	彩虹	空	天空	左	左右
gōng	gōng zuò	hóng	hóng sè	hóng	cǎi hóng	kōng	tiān kōng	zuǒ	zuǒ yòu
	働く、仕事		赤色		虹		空		左右、〜ぐらい

力	力气	办	办公室	加	加油	助	帮助	边	路边
lì	lì qi	bàn	bàn gōng shì	jiā	jiā yóu	zhù	bāng zhù	biān	lù biān
	力		オフィス		頑張る		助ける		道端

青	青春	清	清楚	情	情况	晴	晴天	精	精神
qīng	qīng chūn	qīng	qīng chu	qíng	qíng kuàng	qíng	qíng tiān	jīng	jīng shén
	青春		明らかである		状況、様子		晴れた日		精神、心

元	单元	玩	玩耍	完	完美	园	公园	远	远处
yuán	dān yuán	wán	wán shuǎ	wán	wán měi	yuán	gōng yuán	yuǎn	yuǎn chù
	集合住宅の1つのまとまり		遊ぶ		完璧である		公園		遠い所、遠方

贝	宝贝	员	员工	货	货物	贵	珍贵	负	负责
bèi	bǎo bei	yuán	yuán gōng	huò	huò wù	guì	zhēn guì	fù	fù zé
	宝物、かわいい子		従業員、スタッフ		商品、品物		貴重である		責任を負う

非	非常	悲	悲伤	罪	得罪	排	安排	辈	长辈
fēi	fēi cháng	bēi	bēi shāng	zuì	dé zuì	pái	ān pái	bèi	zhǎng bèi
	非常に、特殊な		悲しむ		恨みを買う		手配する、配置する		目上の人、年長者

古	古怪	故	故事	固	固定	居	居然	苦	辛苦
gǔ	gǔ guài	gù	gù shi	gù	gù dìng	jū	jū rán	kǔ	xīn kǔ
	風変わりである		物語		固定する		意外にも		つらい

门	门口	间	房间	闻	新闻	问	问题	闭	关闭
mén	mén kǒu	jiān	fáng jiān	wén	xīn wén	wèn	wèn tí	bì	guān bì
	出入り口、戸口		部屋		ニュース		問題		閉める

生	生日	性	性格	胜	胜利	姓	姓名	星	星星
shēng	shēng rì	xìng	xìng gé	shèng	shèng lì	xìng	xìng míng	xīng	xīng xing
	誕生日		性格		勝利を収める		姓名		星

十	十足	叶	树叶	什	什么	计	计划	针	打针
shí	shí zú	yè	shù yè	shén	shén me	jì	jì huà	zhēn	dǎ zhēn
	十分である		木の葉		何、どんな		計画		注射する

281 yā yà

日本漢字 圧　繁体字 壓

◀) Track 293

単語／表現

名 **压力** yā lì （圧力、プレッシャー、重荷）

動 **压缩** yā suō （圧縮する、削る、減らす）

名 **电压** diàn yā （電圧）

副 **压根** yà gēn （初めから、もともと）

例文

- **最近压力很大。** zuì jìn yā lì hěn dà （最近ストレスが溜まっている。）
- **别把行李压坏了。** bié bǎ xíng li yā huài le （荷物を押しつぶさないように。）
- **他压根儿就没来。** tā yà gēnr jiù méi lái （彼はそもそも来ていない。）
- **压轴表演每次都很精彩。** yā zhòubiǎo yǎn měi cì dōu hěn jīng cǎi （トリのパフォーマンスはいつも素晴らしい。）

282 zhì

日本漢字 志　繁体字 志

◀) Track 294

単語／表現

名 **志气** zhì qì （気骨、気概、意気）

名 動 **志愿** zhì yuàn （志望、願望／志願する）

名 **斗志** dòu zhì （闘志、ファイト）

例文

- **你真有志气。** nǐ zhēn yǒu zhì qì （君は本当に気概がある。）
- **他们的志气很高。** tā men de zhì qì hěn gāo （彼らはとても士気が高い。）
- **有志者事竟成。** yǒu zhì zhě shì jìng chéng （（ことわざ）志さえあれば必ず成功する。）
- **不要放弃自己的志向。** bú yào fàng qì zì jǐ de zhì xiàng （自分の志を諦めないで。）

283

shì

世

日本漢字 世　繁体字 世

単語／表現

名 shì jiè
世界（世界、世の中、領域）

名 shì dài
世代（代々、長い間）

名 yì shēng yí shì
一生一世（一生涯）

例文

- nǐ xiāng xìn yǒu lái shì ma
  你相信有来世吗?（来世があると信じる?）

- wǒ de mèngxiǎng shì huán yóu shì jiè
  我的梦想是环游世界。（私の夢は世界周遊だ。）

- zhè shì shàng nǐ zuì pà shén me
  这世上你最怕什么?（この世で一番怖いものは何?）

- zhè shì shì dài xiāngchuán de xí sú
  这是世代相传的习俗。（これは代々伝わる習わしだ。）

284

jīn

金

日本漢字 金　繁体字 金

Track
296

単語／表現

名 jīn qián
金钱（金銭、お金）

名 形 huáng jīn
黄金（黄金／貴重な）

名 jiǎng jīn
奖金（賞金、ボーナス）

例文

- zhè shì jīn shǔ zuò de
  这是金属做的。（これは金属製だ。）

- wǒ yǎng le liǎng tiáo jīn yú
  我养了两条金鱼。（私は金魚を2匹飼っている。）

- wǒ ná dào le dì yī míng de jiǎng jīn
  我拿到了第一名的奖金。（1位の賞金を手に入れた。）

- wǒ men de zī jīn hěn chōng zú
  我们的资金很充足。（我々の資金はふんだんにある。）

zēng

増

日本漢字 増　繁体字 増

◀) Track 297

単語／表現

動 **增加** zēng jiā （増加する、増える）

動 **增长** zēngzhǎng （増大する、高まる）

動 **增值** zēng zhí （値上がりする）

例文

- **产品增值了。** chǎn pǐn zēng zhí le （商品が値上がりした。）

- **销量增加了一倍。** xiāoliàngzēng jiā le yí bèi （販売量が倍に増加した。）

- **不要给她增加压力。** bú yào gěi tā zēng jiā yā lì （彼女にプレッシャーをかけないで。）

- **他的知识在不断增长。** tā de zhī shi zài bú duànzēngzhǎng （彼の知識は絶えず増えている。）

zhēng

争

日本漢字 争　繁体字 爭

◀) Track 298

単語／表現

動 **争取** zhēng qǔ （勝ち取る、実現に向けて努力する）

動 **争吵** zhēngchǎo （言い争う、口論する）

動 **斗争** dòu zhēng （闘争する、奮闘する）

例文

- **不要争吵。** bú yào zhēngchǎo （言い争いはやめて。）

- **两个队在争冠军。** liǎng ge duì zài zhēngguàn jūn （2チームが優勝争いをしている。）

- **不要老是争来争去。** bú yào lǎo shi zhēng lái zhēng qù （争ってばかりいないで。）

- **我争取每天运动一个小时。** wǒ zhēng qǔ měi tiān yùndòng yí ge xiǎo shí （私は毎日1時間運動するよう努力している。）

287

jì jǐ

济

🔊 Track **299**

日本漢字 済 　繁体字 濟

単語／表現

名 形 **经济** jīng jì （経済／経済的である）

動 **救济** jiù jì （救済する）

形 **济济** jǐ jǐ （多くの人が寄り集まるさま）

例文

- **经济不景气。** jīng jì bù jǐng qì （景気が良くない。）

- **担心也无济于事。** dān xīn yě wú jì yú shì （心配しても無駄だ。）

- **我在学习经济学。** wǒ zài xué xí jīng jì xué （私は経済学を学んでいる。）

- **这所大学真是人才济济。** zhè suǒ dà xué zhēn shi rén cái jǐ jǐ （この大学は多士済々だ。）

288

jiē

阶

🔊 Track **300**

日本漢字 階 　繁体字 階

単語／表現

名 **阶段** jiē duàn （段階）

名 **阶梯** jiē tī （階段、はしご）

名 **台阶** tái jiē （石段、ステップ）

例文

- **小心台阶。** xiǎo xīn tái jiē （段差に気をつけて。）

- **项目进入了最终阶段。** xiàng mù jìn rù le zuì zhōng jiē duàn （プロジェクトは最終段階に入った。）

- **阶梯通向屋顶。** jiē tī tōngxiàng wū dǐng （階段は屋上に繋がっている。）

- **社会阶级斗争很激烈。** shè huì jiē jí dòuzhēnghěn jī liè （社会の階級争いはとても激しい。）

289

yóu

油

日本漢字 油　**繁体字** 油

◄)) Track 301

単語／表現

動 **加油** jiā yóu （給油する、頑張る）

名 **奶油** nǎi yóu （バター、クリーム）

形 **油腻** yóu nì （脂っこい、しつこい）

例文

- 车快没油了。 chē kuài méi yóu le （車のガソリンが切れそうだ。）
- 这道菜有点油腻。 zhè dào cài yǒu diǎn yóu nì （この料理は少し脂っこい。）
- 我不太喜欢吃鲜奶油。 wǒ bú tài xǐ huan chī xiān nǎi yóu （私は生クリームがあまり好きじゃない。）
- 别跟我油嘴滑舌的。 bié gēn wǒ yóu zuǐ huá shé de （口先ばかりなのはやめて。）

290

sī sāi

思

日本漢字 思　**繁体字** 思

◄)) Track 302

単語／表現

名 **思想** sī xiǎng （思想、考え）

名 動 **思维** sī wéi （思考／考える）

動 **思念** sī niàn （懐かしむ、恋しく思う）

動 **反思** fǎn sī （改めて考える、反省する）

例文

- 我很思念家乡。 wǒ hěn sī niàn jiā xiāng （故郷がとても恋しい。）
- 他是一位思想家。 tā shì yí wèi sī xiǎng jiā （彼は思想家だ。）
- 她在思考一个难题。 tā zài sī kǎo yí ge nán tí （彼女はある難問について考えている。）
- 他的思维很敏捷。 tā de sī wéi hěn mǐn jié （彼は頭の回転がはやい。）

291

shù zhú shú

日本漢字 術　繁体字 術

🔊 Track 303

単語／表現

名 艺术 yì shù （芸術、アート）

名 美术 měi shù （美術、絵画）

名 手术 shǒu shù （手術）

例文

- 他学过武术。 tā xué guo wǔ shù （彼は武術を習ったことがある。）
- 我需要动手术。 wǒ xū yào dòng shǒu shù （私は手術をする必要がある。）
- 技术在不断进步。 jì shù zài bú duàn jìn bù （技術は絶えず進歩している。）
- 这位医生的医术很高明。 zhè wèi yī shēng de yī shù hěn gāo míng （この医師の医術はとても優れている。）

292

jí

日本漢字 極　繁体字 極

🔊 Track 304

単語／表現

形 积极 jī jí （積極的である、肯定的である）

形 消极 xiāo jí （消極的である、マイナスの）

名 终极 zhōng jí （究極、最後）

例文

- 这部电影好极了。 zhè bù diànyǐng hǎo jí le （この映画は本当に面白い。）
- 他对工作的热情极高。 tā duì gōng zuò de rè qíng jí gāo （彼は仕事に対する熱意がとても高い。）
- 我已经累到了极点。 wǒ yǐ jīng lèi dào le jí diǎn （私はもう疲れが限界に達している。）
- 我对他的行为极度不满。 wǒ duì tā de xíng wéi jí dù bù mǎn （彼の行動にとても不満がある。）

jiāo

交

日本漢字 交　**繁体字** 交

◀)) Track 305

単語／表現

jiāo huàn
動 **交换**（交換する、取り交わす）

jiāo tōng
名 **交通**（交通）

jiāo wǎng
動 **交往**（付き合う、交際する）

jiāo chā
動 **交叉**（交差する、入り交じる）

例文

- qǐng àn shí jiāo zuò yè
请按时交作业。（宿題は期限を守って提出してください。）

- wǒ men jiāo huàn yí xià yì jiàn ba
我们交换一下意见吧。（少し意見交換をしよう。）

- wǒ jīn tiān jiāo le yí ge xīn péng you
我今天交了一个新朋友。（今日新しい友達が1人できた。）

- wǒ men yí dìng yào zūn shǒu jiāo tōng guī zé
我们一定要遵守交通规则。（交通規則は必ず守らなければならない。）

shòu

受

日本漢字 受　**繁体字** 受

◀)) Track 306

単語／表現

gǎn shòu
動 名 **感受**（受ける、感じる／感想）

nán shòu
形 **难受**（体の具合が悪い、（精神的に）つらい、苦しい）

xiǎngshòu
動 **享受**（享受する、味わい楽しむ）

shòu kǔ
動 **受苦**（苦しい目にあう）

例文

- wǒ shòu bu liǎo le
我受不了了。（もう我慢できない。）

- tā shòushāng le
他受伤了。（彼はケガをした。）

- zhè jiā diàn hěn shòuhuānyíng
这家店很受欢迎。（この店はとても人気がある。）

- wǒ shòudào le lǎo shī de biǎoyáng
我受到了老师的表扬。（先生に褒められた。）

295

lián

联

日本漢字 联　**繁体字** 聯

◀) Track **307**

単語／表現

動 联系 lián xì （連絡する、結びつける）

名 動 联络 lián luò （連絡／連絡する）

動 联合 lián hé （連合する、団結する）

例文

- 有空联系啊。 yǒu kòng lián xì a （時間があったら連絡取ろうね。）

- 好久没有联络了。 hǎo jiǔ méi yǒu lián luò le （ずいぶん連絡を取っていない。）

- 留一个你的联系方式吧。 liú yí ge nǐ de lián xì fāng shì ba （連絡先を残しておいて。）

- 我们联手完成了这个项目。 wǒ men lián shǒu wánchéng le zhè ge xiàng mù （私たちは協力してこのプロジェクトをやり遂げた。）

296

shén shí

什

日本漢字 什　**繁体字** 什

◀) Track **308**

単語／表現

代 什么 shén me （何、どんな、何か、何て）

副 为什么 wèi shén me （なぜ、どうして）

表 干什么 gàn shén me （どうして、～してどうするのか）

名 什锦 shí jǐn （いろいろな食材を使った料理）

例文

- 你想吃什么? nǐ xiǎng chī shén me （何食べたい?）

- 这是什么意思? zhè shì shén me yì si （これはどういう意味?）

- 我不知道他什么时候来。 wǒ bù zhī dào tā shén me shí hou lái （彼がいつ来るか分からない。）

- 什么事情都可能发生。 shén me shì qing dōu kě néng fā shēng （何が起きてもおかしくない。）

297

rèn

认

日本漢字 認　繁体字 認

単語／表現

動 **认识** rèn shi （見知る、知っている、認識する）

形 **认真** rèn zhēn （真面目である、真剣である）

名 動 **认证** rèn zhèng （認証／認証する）

名 動 **认可** rèn kě （認可／認可する、（高く）評価する）

例文

- 我们认识很久了。 wǒ men rèn shi hěn jiǔ le （私たちは知り合って長い。）

- 你认为怎么样？ nǐ rèn wéi zěn me yàng （あなたはどう思う？）

- 他一眼就认出了我。 tā yì yǎn jiù rèn chū le wǒ （彼は一目で私だと分かった。）

- 我认为这个方案可行。 wǒ rèn wéi zhè ge fāng àn kě xíng （私はこのプランはいけると思う。）

298

liù lù

六

日本漢字 六　繁体字 六

単語／表現

数 **六十** liù shí （60）

表 **五颜六色** wǔ yán liù sè （色とりどり）

例文

- 今天是星期六。 jīn tiān shì xīng qī liù （今日は土曜日だ。）

- 我们明天六点见。 wǒ men míng tiān liù diǎn jiàn （明日の6時に会おう。）

- 我们一共六个人。 wǒ men yí gòng liù ge rén （私たちは全員で6人だ。）

- 这部小说有六个章节。 zhè bù xiǎo shuō yǒu liù ge zhāng jié （この小説は6章からなっている。）

299

gòng gōng

共

日本漢字 共　繁体字 共

◀) Track 311

単語／表現

形 公共 gōnggòng （公共の、共同の）

形 副 共同 gòngtóng （共同の／共同で、皆で一緒に）

動 共鸣 gòngmíng （共鳴する）

例文

- 一共多少钱？ yí gòng duō shao qián （全部でいくら？）

- 我们共同努力吧。 wǒ men gòngtóng nǔ lì ba （みんなで一緒に頑張ろう。）

- 他们共享了晚餐。 tā men gòngxiǎng le wǎn cān （彼らは夕食を共に楽しんだ。）

- 这是我们共同的目标。 zhè shì wǒ men gòngtóng de mù biāo （これは私たちの共同の目標だ。）

300

quán

权

日本漢字 権　繁体字 權

◀) Track 312

単語／表現

名 权力 quán lì （権力、権限）

名 形 权威 quán wēi （権威／権威のある）

動 弃权 qì quán （棄権する）

例文

- 我弃权了。 wǒ qì quán le （私は棄権した。）

- 不能乱用权力。 bù néng luàn yòng quán lì （職権を乱用してはいけない。）

- 每个人都有发言权。 měi ge rén dōu yǒu fā yán quán （全員に発言権がある。）

第  章

ショウロンポウ編

この章に出てくるのは301位から400位まで。中国語の漢字は日本語より読み方が少ないイメージがあると思いますが、実は複数の読み方がある漢字も多いんです。そこにも注目してみましょう!

301

shōu

收

日本漢字 収　繁体字 収

◀)) Track 313

単語／表現

動 **收拾** shōu shi （片付ける、整理する、殺す）

動 名 **收入** shōu rù （受け取る／収入）

名 **收获** shōu huò （収穫、成果、得るところ）

例文

- wǒ zài shōu shi fáng jiān
  我在收拾房间。（私は部屋を片付けている。）

- tā de shōu rù hěn gāo
  他的收入很高。（彼の収入はとても高い。）

- qǐng shōu xià zhè fèn lǐ wù ba
  请收下这份礼物吧。（どうぞこのプレゼントを受け取ってください。）

- zhè cì chū chāi shōu huò hěn dà
  这次出差收获很大。（今回の出張は得るものが多かった。）

302

zhèng

证

日本漢字 証　繁体字 證

◀)) Track 314

単語／表現

動 名 **证明** zhèngmíng （証明する／証明書）

名 **证据** zhèng jù （証拠）

動 名 **保证** bǎo zhèng （保証する／保証（となるもの））

動 **证实** zhèng shí （実証する）

例文

- yǒu méi you dài zhèng jiàn
  有没有带证件？（証明書は持った？）

- wǒ bǎo zhèng méi yǒu xià cì
  我保证没有下次。（次はないと保証するよ。）

- tā zhèngmíng le wǒ de qīng bái
  他证明了我的清白。（彼は私の潔白を証明した。）

- yǒu shén me zhèng jù ma
  有什么证据吗？（何か証拠はあるの？）

第4章 ショウロンポウ編

188

303

gǎi

改

日本漢字 改　繁体字 改

🔊 Track 315

単語／表現

動 **改正** gǎi zhèng （正す、改正する）

動 **修改** xiū gǎi （改正する、改訂する）

動 **改变** gǎi biàn （変わる、変える、変更する）

例文

- **我们改天再约吧。** wǒ men gǎi tiān zài yuē ba （日を変えてまた予定を合わせよう。）

- **他突然改变了计划。** tā tū rán gǎi biàn le jì huà （彼は突然計画を変更した。）

- **我们还需要改进。** wǒ men hái xū yào gǎi jìn （まだ改良する必要がある。）

- **要不我们改时间吧。** yào bu wǒ men gǎi shí jiān ba （じゃあ時間を変えようか。）

304

qīng

清

日本漢字 清　繁体字 清

🔊 Track 316

単語／表現

形 **清楚** qīng chu （明らかである、はっきりしている）

動 **清除** qīng chú （取り除く、粛清する）

名 **清早** qīng zǎo （早朝）

動 **清洗** qīng xǐ （きれいに洗う）

例文

- **他是清白的。** tā shì qīng bái de （彼は無実だ。）

- **他解释的很清楚。** tā jiě shì de hěn qīng chu （彼ははっきりと説明した。）

- **赶快清理一下房间吧。** gǎn kuài qīng lǐ yí xià fáng jiān ba （急いで部屋を整えて。）

- **清晨的空气真新鲜。** qīng chén de kōng qì zhēn xīn xiān （早朝の空気は本当に新鮮だ。）

jǐ

己

日本漢字 己　繁体字 己

◀)) Track 317

単語／表現

名 自己 zì jǐ （自分）

名 知己 zhī jǐ （知己、理解者）

例文

- 我很了解自己。wǒ hěn liǎo jiě zì jǐ （私は自分のことをよく理解している。）
- 要爱惜自己的身体。yào ài xī zì jǐ de shēn tǐ （自分の身体を大切にしなければいけない。）
- 自己的事情自己做。zì jǐ de shì qing zì jǐ zuò （自分のことは自分でやる。）
- 知己知彼，百战不殆。zhī jǐ zhī bǐ　bǎi zhàn bú dài （(孫氏の兵法より）己を知り彼を知れば、百戦危うからず。）

měi

美

日本漢字 美　繁体字 美

◀)) Track 318

単語／表現

形 美丽 měi lì （美しい、きれいである）

形 美好 měi hǎo （美しい、すばらしい）

形 完美 wán měi （完璧である、非の打ち所がない）

例文

- 这里的风景真美。zhè li de fēng jǐng zhēn měi （ここの風景は本当にキレイだ。）
- 美好的一天开始了。měi hǎo de yì tiān kāi shǐ le （素晴らしい一日が始まった。）
- 不要太追求完美。bú yào tài zhuī qiú wán měi （完璧を追い求めすぎないで。）
- 稍微有一点美中不足。shāo wēi yǒu yì diǎn měi zhōng bù zú （ほんの少し玉にきずだ。）

307

zài

再

日本漢字 **再**　繁体字 **再**

🔊 Track **319**

単語／表現

動 **再见** zài jiàn （さようなら、また会いましょう）

副 **再次** zài cì （再度、いま一度）

副 **再三** zài sān （再三、繰り返し、何度も）

例文

- **再见。** zài jiàn （さようなら。）

- **再努力努力吧。** zài nǔ lì nǔ lì ba （もう少し頑張ろう。）

- **请再说一遍。** qǐng zài shuō yí biàn （もう一度言ってください。）

- **那再好不过了。** nà zài hǎo bú guò le （それは何よりだ。）

308

cǎi cài

采

日本漢字 **採**　繁体字 **采、採**

🔊 Track **320**

単語／表現

動 **采取** cǎi qǔ （(手段、政策、態度などを)とる、採用する、講じる）

動 **采用** cǎi yòng （採用する、取り入れる）

動 **采访** cǎi fǎng （取材する、インタビューする）

例文

- **采取行动吧。** cǎi qǔ xíngdòng ba （行動に出よう。）

- **我接受了采访。** wǒ jiē shòu le cǎi fǎng （インタビューを引き受けた。）

- **他采纳了我的建议。** tā cǎi nà le wǒ de jiàn yì （彼は私の提案を受け入れた。）

- **蜜蜂在采蜜。** mì fēng zài cǎi mì （ミツバチが蜜を採取している。）

zhuǎn zhuàn zhuǎi

转

日本漢字 **転**　繁体字 **轉**

◀)) Track **321**

単語／表現

動 副 **转身** zhuǎnshēn （体の向きを変える／あっという間に）

動 **转动** zhuàndòng （ぐるぐる回る、回転する）

動 **转让** zhuǎnràng （譲る、譲り渡す）

動 **转弯** zhuǎnwān （曲がる、方向を変える）

例文

- **情况有了好转。** qíngkuàng yǒu le hǎo zhuǎn （状況が好転した。）

- **他转身就走了。** tā zhuǎnshēn jiù zǒu le （彼はすぐに行ってしまった。）

- **我在店里转来转去。** wǒ zài diàn li zhuàn lái zhuàn qù （私は店内でうろうろしている。）

- **有时候需要转换一下思路。** yǒu shí hou xū yào zhuǎnhuàn yí xià sī lù （考え方の転換が必要な時もある。）

---

gēng gèng

更

日本漢字 **更**　繁体字 **更**

◀)) Track **322**

単語／表現

副 **更加** gèng jiā （ますます、なおいっそう）

動 **更新** gēng xīn （更新する）

表 **更好** gèng hǎo （より良い）

例文

- **系统更新了。** xì tǒng gēng xīn le （システムが更新された。）

- **我更喜欢这个。** wǒ gèng xǐ huan zhè ge （私はこれの方が好き。）

- **三更半夜的怎么了?** sān gēng bàn yè de zěn me le （真夜中にどうしたの?）

- **更衣间在哪里?** gēng yī jiān zài nǎ li （更衣室はどこ?）

311 dān chán shàn

日本漢字 **単**　繁体字 **單**

🔊 Track **323**

単語／表現

形 **孤单** gū dān （孤独である、無力である）

形 **单独** dān dú （単独で、1人で）

名 **单位** dān wèi （単位、勤め先）

名 **被单** bèi dān （シーツ、ベッドカバー）

例文

- **我是单身。** wǒ shì dān shēn （私は独身です。）

- **这道题很简单。** zhè dào tí hěn jiǎn dān （この問題は簡単だ。）

- **我买了一张单程票。** wǒ mǎi le yì zhāng dān chéng piào （片道のチケットを1枚買った。）

- **我们单独聊聊。** wǒ men dān dú liáo liao （私と単独で話そう。）

312 fēng fěng

日本漢字 **風**　繁体字 **風**

🔊 Track **324**

単語／表現

名 **风景** fēng jǐng （風景、景色）

名 **风格** fēng gé （風格、気品、スタイル、特徴）

動 **刮风** guā fēng （風が吹く）

例文

- **今天风很大。** jīn tiān fēng hěn dà （今日は風がとても強い。）

- **孩子们在公园放风筝。** hái zi men zài gōngyuán fàng fēngzheng （子どもたちが公園で凧揚げをしている。）

- **我喜欢这种风格的画。** wǒ xǐ huan zhè zhǒng fēng gé de huà （私はこのようなスタイルの絵が好きだ。）

- **飞机由于台风晚点了。** fēi jī yóu yú tái fēng wǎn diǎn le （飛行機が台風により遅れた。）

313

qiē qiè

日本漢字 切　繁体字 切

🔊 Track 325

単語／表現

代 **一切** (一切の、すべての)

形 **亲切** (親しい、心がこもっている)

動 **切断** (切断する、断ち切る)

動 **切入** (切り込む、カットインする)

例文

- 希望**一切**顺利。 (すべて順調にいきますように。)

- 他的态度很**亲切**。 (彼の態度はとても親切だ。)

- **切**菜时要小心。 (野菜を切るときは注意が必要だ。)

- 你的表达很确**切** (あなたの伝え方は適切だ。)

314

dǎ dá

日本漢字 打　繁体字 打

🔊 Track 326

単語／表現

動 **打扫** (掃除する)

動 **打架** (殴り合いをする、けんかする)

動 **打工** (アルバイトをする、働く)

名 **武打** (殺陣、立ち回り)

例文

- 我怕**打**针。 (私は注射が怖い。)

- **打**开窗户透透气吧。 (窓を開けて少し換気しよう。)

- 他正在**打**电话。 (彼は電話中だ。)

- 我们晚上约了**打**篮球。 (私たちは夜にバスケをする約束だ。)

315

bái

日本漢字 白　繁体字 白

単語／表現

名 白色 bái sè （白色）

名 白天 bái tiān （昼間、日中）

名 黑白 hēi bái （黒と白、善悪、是非）

形 雪白 xuě bái （雪のように白い）

例文

- 白跑了一趟。 bái pǎo le yí tàng （無駄足だった。）

- 别做白日梦了。 bié zuò bái rì mèng le （白昼夢を見るのはもうやめよう。）

- 我最喜欢白色。 wǒ zuì xǐ huan bái sè （私は白色が一番好きだ。）

- 你明白我的意思吗？ nǐ míng bai wǒ de yì si ma （私の言ってる意味わかる？）

316

jiào jiāo

日本漢字 教　繁体字 教

単語／表現

名 動 教育 jiào yù （教育／教育する）

名 教室 jiào shì （教室）

動 指教 zhǐ jiào （教え導く、指導する）

動 教书 jiāo shū （授業をする、教師をする）

例文

- 他教我中文。 tā jiāo wǒ zhōngwén （彼は私に中国語を教える。）

- 教室里很安静。 jiào shì li hěn ān jìng （教室の中はとても静かだ。）

- 我是大学教授。 wǒ shì dà xué jiào shòu （私は大学教授だ。）

- 我们的教练很严厉。 wǒ men de jiào liàn hěn yán lì （私たちのコーチはとても厳しい。）

sù

速

日本漢字 速　**繁体字** 速

単語／表現

名 **速度** sù dù（速さ、スピード）

形 **迅速** xùn sù（迅速である、非常に速い）

動 **加速** jiā sù（速める、加速する）

例文

- **那辆车超速了。** nà liàng chē chāo sù le（あの車はスピード違反をした。）
- **你的成长速度很快。** nǐ de chéngzhǎng sù dù hěn kuài（君の成長速度はとても速い。）
- **速冻食品很方便。** sù dòng shí pǐn hěn fāngbiàn（冷凍食品は便利だ。）
- **我们需要加快速度了。** wǒ men xū yào jiā kuài sù dù le（私たちはスピードアップする必要がある。）

huā

花

日本漢字 花　**繁体字** 花

単語／表現

名 **鲜花** xiān huā（生花）

名 **雪花** xuě huā（雪、雪片、雪花）

名 **花园** huā yuán（花園、庭園）

例文

- **今天花了很多钱。** jīn tiān huā le hěn duō qián（今日はお金をたくさん使った。）
- **他很花心。** tā hěn huā xīn（彼は浮気性だ。）
- **花园里的花开了。** huā yuán li de huā kāi le（庭園の花が咲いた。）
- **春天到了，樱花盛开了。** chūn tiān dào le, yīng huā shèng kāi le（春が来て桜が満開になった。）

319

dài

带

日本漢字 带　繁体字 带

🔊 Track **331**

単語／表現

動 **带领** dài lǐng （引率する、案内する）

動 **带话** dài huà （ことづける、伝言する）

名 **皮带** pí dài （（革製の）ベルト）

名 **领带** lǐng dài （ネクタイ）

例文

- **我忘带手机了。** wǒ wàng dài shǒu jī le （携帯を忘れた。）

- **我带你去吧。** wǒ dài nǐ qù ba （私が連れて行ってあげるよ。）

- **这条领带很适合你。** zhè tiáo lǐng dài hěn shì hé nǐ （このネクタイはあなたによく似合う。）

- **我想买一条新皮带。** wǒ xiǎng mǎi yì tiáo xīn pí dài （私は新しいベルトを買いたい。）

320

ān

安

日本漢字 安　繁体字 安

🔊 Track **332**

単語／表現

形 **安全** ān quán （安全である）

形 **安静** ān jìng （静かである、穏やかである）

形 **平安** píng ān （無事である、平安である）

動 **安排** ān pái （処理する、手配する、配置する）

例文

- **注意安全。** zhù yì ān quán （安全に気をつけて。）

- **车里很安静。** chē li hěn ān jìng （車の中はとても静かだ。）

- **我安装了一个新软件。** wǒ ān zhuāng le yí ge xīn ruǎn jiàn （新しいソフトをインストールした。）

- **旅程安排好了。** lǚ chéng ān pái hǎo le （旅行のスケジュールは立ててある。）

コラム **13** ジャンル別代名詞

 …… 代名詞って文章の中で欠かせないものだよね。

種類も多いし、使い分けが意外とややこしいかも。……

 …… この本の例文を見ていても、登場率がすごい。

次の表をマスターしたらかなり網羅できるよ！……

🔊 Track **333**

人称代名詞
我、你、他、她、它、你们、他们
wǒ、nǐ、tā、tā、tā、nǐ men、tā men
私、あなた、彼、彼女、それ、あなたたち、彼ら
她们、它们、咱们、人家
tā men、tā men、zán men、rén jia
彼女たち、それら、私たち、あの人／私

	我喜欢他。	咱们去他家玩儿吧。
例文	wǒ xǐ huan tā	zán men qù tā jiā wánr ba
	私は彼が好きです。	彼の家に遊びに行こう。

第4章　ショウロンポウ編

198

指示代名詞

这个、那个、这样、那样、这里(这儿)、那里(那儿)

zhè ge、nà ge、zhè yàng、nà yàng、zhè li (zhèr)、nà li (nàr)

これ、あれ、こんな、あんな、ここ、あそこ

这些、那些、这么、那么、这么样、那么样

zhè xiē、nà xiē、zhè me、nà me、zhè me yàng、nà me yàng

これら、あれら、このように、あんなに、こんな、あのように

例文	我从来没去过那里。	没想到这么难。
	wǒ cóng lái méi qù guò nà li	méi xiǎng dào zhè me nán
	あそこには一度も行ったことがない。	こんなに難しいとは思わなかった。

疑問代名詞

几、谁、什么、怎么、怎样、哪个、哪样

jǐ、shéi、shén me、zěn me、zěn yàng、nǎ ge、nǎ yàng

いくつ、誰、何、どのように、どんな、どちら、どんな

哪里(哪儿)、多少、何、什么时候、为什么

nǎ li (nǎr)、duō shao、hé、shén me shí hou、wèi shén me

どこ、どれほど、何、いつ、なぜ

例文	这个是谁的手机?	最近怎么样?
	zhè ge shì shéi de shǒu jī	zuì jìn zěn me yàng
	これは誰の携帯ですか?	最近どう?
	你什么时候到?	这件毛衣多少钱?
	nǐ shén me shí hou dào	zhè jiàn máo yī duō shao qián
	いつ着く?	このセーターはいくらですか?

321 chǎng cháng

场

日本漢字 場　繁体字 場

◀) Track 334

単語／表現

chǎng hé
名 **场合** (場合、場所)

chǎngmiàn
名 **场面** (場面、シーン、情景)

cāo chǎng
名 **操场** (運動場、グラウンド)

shì chǎng
名 **市场** (市場、マーケット、(経済) 市場)

例文

zhè shì yì chǎng wù huì
- **这是一场误会。** (これは誤解だ。)

zǎo shang xià le yì chǎng dà yǔ
- **早上下了一场大雨。** (朝大雨が降った。)

wǒ men qù kàn chǎng diànyǐng ba
- **我们去看场电影吧。** (映画を観に行こう。)

wǒ zài dà xué xué xí shì chǎng jīng jì
- **我在大学学习市场经济。** (私は大学で市場経済を学んでいる。)

322 shēn

身

日本漢字 身　繁体字 身

◀) Track 335

単語／表現

shēn tǐ
名 **身体** (身体、体)

shēnyǐng
名 **身影** (人影、姿)

shēnbiān
名 **身边** (身辺、身の回り)

例文

tā de shēn cái hěn hǎo
- **他的身材很好。** (彼はとてもスタイルが良い。)

wǒ hún shēn dōu bù shū fu
- **我浑身都不舒服。** (私は身体中調子が悪い。)

wǒ shēnshang méi dài xiàn jīn
- **我身上没带现金。** (私は現金を持っていない。)

bú yào wàng le zuò rè shēn yùn dòng
- **不要忘了做热身运动。** (準備運動を忘れずにやってね。)

323

chē jū

车

日本漢字 車 繁体字 車

🔊 Track 336

単語／表現

chē zhàn
名 **车站** (駅、停留所)

chē piào
名 **车票** (乗車券、切符)

kāi chē
動 **开车** ((車を) 運転する)

zì xíng chē
名 **自行车** (自転車)

例文

kuài shàng chē
• **快上车!** (早く車に乗って!)

wǒ mǎi le yí liàng xīn chē
• **我买了一辆新车。** (新しい車を一台買った。)

chē zhàn yǒu hěn duō rén
• **车站有很多人。** (駅にはたくさんの人がいる。)

wǒ yǒu diǎn yùn chē
• **我有点晕车。** (少し車酔いをした。)

324

lì

例

日本漢字 例 繁体字 例

🔊 Track 337

単語／表現

lì tí
名 **例题** (例題)

guàn lì
名 **惯例** (慣例、しきたり)

àn lì
名 **案例** (判例)

lì wài
名 **例外** (例外)

例文

jǔ ge lì zi shuōmíng
• **举个例子说明。** (例を挙げて説明する。)

zhè shì ge tè lì
• **这是个特例。** (これは特例だ。)

shén me shì qing dōu yǒu lì wài
• **什么事情都有例外。** (何事にも例外がある。)

zhè shì yí ge diǎnxíng de lì zi
• **这是一个典型的例子。** (これは典型的な例だ。)

325

zhēn

真

日本漢字 真　繁体字 真

◀) Track **338**

単語／表現

形 **真实** zhēn shí （真実である）

形 副 **真正** zhēnzhèng （正真正銘の／本当に）

形 **认真** rèn zhēn （真面目である、真剣である）

動 形 **当真** dàngzhēn （本気にする／本当に）

例文

- **真的吗?** zhēn de ma （本当に？）

- **这首歌真好听。** zhè shǒu gē zhēn hǎo tīng （この曲は本当に良い。）

- **开个玩笑，不要当真。** kāi ge wán xiào bú yào dàngzhēn （冗談だよ、本気にしないで。）

- **我说的都是真心话。** wǒ shuō de dōu shì zhēn xīn huà （私が言ったのは全部本心だ。）

326

wù

务

日本漢字 務　繁体字 務

◀) Track **339**

単語／表現

動 **服务** fú wù （奉仕する、サービスする）

名 **义务** yì wù （義務、責務）

名 **家务** jiā wù （家事、家の仕事）

副 **务必** wù bì （ぜひ、必ず）

例文

- **她在处理公务。** tā zài chǔ lǐ gōng wù （彼女は公務を処理している。）

- **务必要按时完成。** wù bì yào àn shí wánchéng （必ず時間通りに完成させなければいけない。）

- **我讨厌做家务。** wǒ tǎo yàn zuò jiā wù （私は家事をするのが嫌いだ。）

- **这家店的服务很好。** zhè jiā diàn de fú wù hěn hǎo （この店のサービスはとても良い。）

327

jù

具

単語／表現

形 **具体** jù tǐ （具体的である、実際の）

名 **家具** jiā jù （家具）

名 **玩具** wán jù （おもちゃ）

例文

- 我喜欢逛文具店。 wǒ xǐ huanguàngwén jù diàn （私は文房具店を回るのが好きだ。）

- 这套茶具很高级。 zhè tào chá jù hěn gāo jí （この茶器セットはとても高級だ。）

- 这份报告写得很具体。 zhè fèn bào gào xiě de hěn jù tǐ （この報告書はとても具体的に書かれている。）

- 语言是交际的工具。 yǔ yán shì jiāo jì de gōng jù （語学はコニュニケーションの手段だ。）

328

wàn mò

万

単語／表現

接 **万一** wàn yī （万が一、ひょっとしたら）

名 **万幸** wànxìng （大きな幸運）

形 **万全** wànquán （万全、手抜かりがない）

例文

- 万一下雨了怎么办？ wàn yī xià yǔ le zěn me bàn （万が一雨が降ったらどうする？）

- 千万不要告诉别人。 qiānwàn bú yào gào su bié ren （絶対に他の人に教えないで。）

- 万万没想到是你。 wànwàn méixiǎngdào shì nǐ （あなただとは夢にも思わなかった。）

- 压力是万恶之源。 yā lì shì wàn è zhī yuán （ストレスは諸悪の根源だ。）

329

měi

每

日本漢字 毎　繁体字 每

◀)) Track 342

単語／表現

名 **每天** měi tiān （毎日）

名 **每次** měi cì （毎回、毎度）

名 **每人** měi rén （全員）

例文

- 我每天都散步。 wǒ měi tiān dōu sàn bù （私は毎日散歩する。）

- 我们班每个人都很优秀。 wǒ men bān měi ge rén dōu hěn yōu xiù （うちのクラスはみんな優秀だ。）

- 最近每天都要加班。 zuì jìn měi tiān dōu yào jiā bān （最近毎日残業している。）

- 每当过年家人都会团聚 měi dāng guò nián jiā rén dōu huì tuán jù （毎年年越しには家族が集まる。）

330

mù

目

日本漢字 目　繁体字 目

◀)) Track 343

単語／表現

名 **目前** mù qián （目下、現在、今のところ）

名 **目的** mù dì （目的）

名 **题目** tí mù （題、タイトル、問題）

名 **耳目** ěr mù （耳と目、聞くこと見ること、見聞）

例文

- 目的地是哪里？ mù dì dì shì nǎ li （目的地はどこ？）

- 你有什么目标吗？ nǐ yǒu shén me mù biāo ma （何か目標はある？）

- 她有过目不忘的能力。 tā yǒu guò mù bú wàng de néng lì （彼女には見たものを記憶する能力がある。）

- 我目前还没有做好打算。 wǒ mù qián hái méi you zuò hǎo dǎ suan （今のところまだ考えは固まっていない。）

第4章 ショウロンボウ編

204

331 zhì

日本漢字 至　繁体字 至

🔊 Track **344**

单語／表現

副 至今 `zhì jīn` （いまなお、現在でも）

副 至少 `zhì shǎo` （少なくとも、せめて）

副 甚至 `shèn zhì` （〜さえ、〜すら、ひいては）

例文

- 不至于吧。`bú zhì yú ba` （そこまでじゃないでしょ。）
- 他至今还没回来。`tā zhì jīn hái méi huí lai` （彼はいまだに帰って来ていない。）
- 你的意见至关重要。`nǐ de yì jiàn zhì guānzhòng yào` （あなたの意見はきわめて重要だ。）
- 我每天至少要睡八个小时。`wǒ měi tiān zhì shǎo yào shuì bā ge xiǎo shí` （私は毎日少なくとも8時間は寝る。）

332 dá

日本漢字 達　繁体字 達

🔊 Track **345**

单語／表現

勤 到达 `dào dá` （到着する、着く）

勤 传达 `chuán dá` （伝達する、伝える）

勤 抵达 `dǐ dá` （到着する）

例文

- 目的达到了。`mù dì dá dào le` （目的を達成した。）
- 我明天到达上海。`wǒ míng tiān dào dá shàng hǎi` （私は明日上海に到着する。）
- 麻烦你转达一下。`má fan nǐ zhuǎn dá yí xià` （取り次ぎをお願いします。）
- 语言表达不了我的心情。`yǔ yán biǎo dá bu liǎo wǒ de xīn qíng` （言葉では私の気持ちを表せない。）

zǒu

走

日本漢字 走　繁体字 走

🔊 Track 346

単語／表現

動 走路 zǒu lù（歩く、道を歩く）

動 逃走 táo zǒu（逃走する、逃げる）

動 送走 sòng zǒu（送って行く）

動 赶走 gǎn zǒu（追い払う、追い出す）

例文

- 我们走吧。wǒ men zǒu ba（行こう。）

- 你走在前面带路吧。nǐ zǒu zài qiánmian dài lù ba（前を歩いて道案内をして。）

- 我的邻居昨天搬走了。wǒ de lín jū zuó tiān bān zǒu le（お隣さんは昨日引っ越して行った。）

- 工作终于走上了正轨。gōng zuò zhōng yú zǒu shàng le zhèng guǐ（仕事がやっと正しい軌道に乗った。）

jī

积

日本漢字 積　繁体字 積

🔊 Track 347

単語／表現

形 积极 jī jí（積極的である、肯定的である）

動 积累 jī lěi（蓄積する、積み重ねる）

名 积木 jī mù（積み木）

動 堆积 duī jī（積み上げる）

例文

- 积极面对困难。jī jí miàn duì kùn nán（積極的に困難に立ち向かう。）

- 他积累了很多经验。tā jī lěi le hěn duō jīng yàn（彼はたくさんの経験を積んだ。）

- 院子里积了很厚的雪。yuàn zi li jī le hěn hòu de xuě（庭に分厚い雪が積もっている。）

- 这里的建筑面积是多少？zhè li de jiàn zhù miàn jī shì duō shao（ここの建築面積はどれくらい？）

335 shì

日本漢字 示　繁体字 示

🔊 Track 348

単語／表現

動 名 提示 ^{tí shì}（ヒントを与える、助言する／ヒント）

動 名 指示 ^{zhǐ shì}（指示する／指示）

動 表示 ^{biǎo shì}（表す、示す、物語る）

動 示范 ^{shì fàn}（模範を示す、手本を見せる）

例文

- 给我一个提示。^{gěi wǒ yí ge tí shì}（ヒントをください。）

- 我来示范一下。^{wǒ lái shì fàn yí xià}（私がお手本を見せよう。）

- 他在向我示威。^{tā zài xiàng wǒ shì wēi}（彼は私に力を見せつけている。）

- 我对他表示敬意。^{wǒ duì tā biǎo shì jìng yì}（私は彼に敬意を示す。）

336 yì

日本漢字 議　繁体字 議

🔊 Track 349

単語／表現

動 议论 ^{yì lùn}（議論する、話題にする）

動 提议 ^{tí yì}（提議する、提案する）

動 名 建议 ^{jiàn yì}（提案する、意見を出す／提案）

動 商议 ^{shāng yì}（相談する、協議する）

例文

- 你有什么建议吗?^{nǐ yǒu shén me jiàn yì ma}（何かアドバイスはある?）

- 会议圆满结束了。^{huì yì yuánmǎn jié shù le}（会議は円満に終わった。）

- 咱们改日再议吧。^{zán men gǎi rì zài yì ba}（日を変えてまた議論しよう。）

- 我没有任何异议。^{wǒ méi yǒu rèn hé yì yì}（私は一切異論はない。）

337

shēng

声

Track 350

日本漢字 **声**　繁体字 **聲**

単語／表現

名 **声音** shēng yīn （声、物音）

名 **声乐** shēng yuè （声楽）

名 **回声** huí shēng （反響、こだま）

名 形 **大声** dà shēng （大声／大声で）

例文

- **小声一点。** xiǎo shēng yì diǎn （もう少し声を小さくして。）

- **他的声音很好听。** tā de shēng yīn hěn hǎo tīng （彼はとても良い声だ。）

- **我在大学学声乐。** wǒ zài dà xué xué shēng yuè （私は大学で声楽を学んでいる。）

- **中文有四个声调。** zhōng wén yǒu sì ge shēng diào （中国語には4つの声調がある。）

338

bào

报

Track 351

日本漢字 **報**　繁体字 **報**

単語／表現

動 名 **报告** bào gào （報告する／報告、レポート）

動 **报答** bào dá （報いる、応える）

動 名 **报道** bào dào （報道する／報道）

名 **报纸** bào zhǐ （新聞）

例文

- **我有看报纸的习惯。** wǒ yǒu kàn bào zhǐ de xí guàn （私は新聞を読む習慣がある。）

- **我报名参加比赛了。** wǒ bào míng cān jiā bǐ sài le （私は試合にエントリーした。）

- **我正在写出差报告。** wǒ zhèng zài xiě chū chāi bào gào （私は出張の報告書を書いているところだ。）

- **新闻都在报道这个事件。** xīn wén dōu zài bào dào zhè ge shì jiàn （どのニュースでもこの事件を報道している。）

339

dòu dǒu

斗

日本漢字 闘　繁体字 鬥

単語／表現

動 **斗争** dòu zhēng （闘争する、奮闘する）

動 **奋斗** fèn dòu （奮闘する、頑張る）

形 **斗胆** dǒu dǎn （大胆に、あえて）

名 **漏斗** lòu dǒu （じょうご、ろうと）

例文

- 我们的斗志很高。 wǒ men de dòu zhì hěn gāo （私たちは闘志満々だ。）

- 我斗胆提一个建议。 wǒ dǒu dǎn tí yí ge jiàn yì （恐れ多くも1つ提案します。）

- 海水不可斗量。 hǎi shuǐ bù kě dǒu liáng （(ことわざ) 海水は升では量れない＝人は見かけだけで判断してはいけない。）

- 我要战斗到底。 wǒ yào zhàn dòu dào dǐ （私は最後まで戦う。）

340

wán

完

日本漢字 完　繁体字 完

単語／表現

動 **完成** wánchéng （完成する、やり遂げる）

形 副 **完全** wánquán （完全である／完全に）

形 **完整** wánzhěng （整っている、欠けたところがない）

形 **完美** wán měi （完璧である、非の打ち所がない）

例文

- 完了完了。 wán le wán le （終わったわ。）

- 太完美了。 tài wán měi le （完璧すぎる。）

- 我完全信任你。 wǒ wánquán xìn rèn nǐ （君を完全に信じるよ。）

- 电视剧快播完了。 diàn shì jù kuài bō wán le （ドラマの放送がもうすぐ終わる。）

…… ことわざって、自分で使いこなすのが難しいんだよなぁ。

確かに自発的に言うのは難しいけど、……
意味がわかるだけでもいいと思うよ！

 …… 中国語と日本語は共通点も多いから面白い。

似てるけれど微妙に違うのもあるし、……
比べながら覚えるのも楽しそう！

🔊 Track **354**

ことわざ	中国語の説明	例文
眼中钉	**最厌恶的人。**	**他是我的眼中钉。**
yǎn zhōng dīng	zuì yàn wù de rén	tā shì wǒ de yǎn zhōng dīng
目のかたき	一番嫌いな人。	彼は私の目の上のたんこぶだ。
老狐狸	**非常狡猾的人。**	**他是个老狐狸。**
lǎo hú li	fēi cháng jiǎo huá de rén	tā shì ge lǎo hú li
古だぬき	非常にずる賢い人。	彼は古だぬきだ。
绊脚石	**阻碍前进的人。**	**我不想做别人的绊脚石。**
bàn jiǎo shí	zǔ ài qián jìn de rén	wǒ bù xiǎng zuò bié ren de bàn jiǎo shí
邪魔もの、障害物	前進を妨げる人。	他人の行く手を阻む人になりたくない。
软骨头	**没有骨气的人。**	**没想到你是个软骨头。**
ruǎn gú tou	méi yǒu gǔ qì de rén	méi xiǎng dào nǐ shì ge ruǎn gú tou
意気地なし	気骨のない人。	まさか君が意気地なしだったとは。

ことわざ	中国語の説明	例文
旱鸭子	**不会游泳的人。**	**他是个旱鸭子。**
hàn yā zi	bú huì yóu yǒng de rén	tā shì ge hàn yā zi
カナヅチ	泳げない人。	彼はカナヅチだ。
铁公鸡	**小气的人。**	**真是个铁公鸡。**
tiě gōng jī	xiǎo qì de rén	zhēn shì ge tiě gōng jī
ケチな人	ケチな人。	本当にケチだな。
开绿灯	**提供方便，允许或不禁止。**	**公司已经为这个项目开绿灯了。**
kāi lǜ dēng	tí gōng fāng biàn yǔn xǔ huò bú jìn zhǐ	gōng sī yǐ jīng wèi zhè gè xiàng mù kāi lǜ dēng le
許可する	便宜を図り許可する、あるいは禁止しない。	会社はすでにこのプロジェクトにゴーサインを出している。
吊胃口	**让人产生兴趣但不告诉事情的真相。**	**别吊胃口了！**
diào wèi kǒu	ràng rén chǎn shēng xìng qù dàn bú gào su shì qíng de zhēn xiàng	bié diào wèi kǒu le
もったいぶって興味を引く	人の興味をかき立てておきながら、事の真相を教えない。	もうもったいぶらないで！
跟屁虫	**老跟在别人的背后。**	**妹妹是姐姐的跟屁虫。**
gēn pì chóng	lǎo gēn zài bié ren de bèi hòu	mèi mei shì jiě jie de gēn pì chóng
金魚のフン	いつも人の後ろにくっついている。	妹は姉の金魚のフンだ。
碰钉子	**遭到拒绝或受到斥责。**	**没必要去碰钉子。**
pèng dīng zi	zāo dào jù jué huò shòu dào chì zé	méi bì yào qù pèng dīng zi
ひじ鉄を食らう、壁にぶつかる	拒絶される、あるいは叱責を受ける。	壁にぶつかりに行く必要はない。

lèi

类

◀) Track 355

日本漢字 類　**繁体字** 類

単語／表現

名 **类型** lèi xíng （タイプ、種類）

名 **种类** zhǒng lèi （種類、品種）

名 **类别** lèi bié （分類、類別）

例文

- wǒ men shì tóng yí lèi rén
我们是同一类人。（私たちは同類だ。）

- zhè lèi wèn tí hěn cháng jiàn
这类问题很常见。（この類の問題はよくあることだ。）

- lèi sì zhè ge ma
类似这个吗?（これと似てる?）

- nǐ xǐ huan kàn shén me lèi xíng de diàn yǐng
你喜欢看什么类型的电影?（どんなジャンルの映画が好き?）

---

bā

八

◀) Track 356

日本漢字 八　**繁体字** 八

単語／表現

名 副 **八成** bā chéng （8割／おおかた、たぶん）

名 **八卦** bā guà （八卦、根拠のないでたらめ）

表 **四面八方** sì miàn bā fāng （四方八方、周囲一帯）

表 **五花八门** wǔ huā bā mén （多種多様で変化に富む形容）

例文

- wǒ bā suì kāi shǐ xué gāng qín
我八岁开始学钢琴。（私は8歳でピアノを習い始めた。）

- tā bā chéng bú huì lái le
他八成不会来了。（彼は八割方来ないだろう。）

- bié hú shuō bā dào
别胡说八道。（でたらめ言わないで。）

- xià yì bān gōng jiāo chē bā diǎn lái
下一班公交车八点来。（次のバスは8時に来る。）

343

lí

离

日本漢字 離　繁体字 離

単語／表現

動 **离开** lí kāi （離れる、分かれる）

動 **离别** lí bié （別れる、離別する）

名 動 **距离** jù lí （距離／離れる）

動 **分离** fēn lí （分離する、別れる）

例文

- **他刚刚离开。** tā gānggāng lí kāi （彼は行ったばかりだ。）

- **车站离这里很近。** chē zhàn lí zhè li hěn jìn （駅はここからとても近い。）

- **他离家出走了。** tā lí jiā chū zǒu le （彼は家出した。）

- **这简直太离谱了。** zhè jiǎn zhí tài lí pǔ le （これはまったくありえないことだ。）

344

huá huā huà

华

日本漢字 華　繁体字 華

◀》Track
358

単語／表現

形 **华丽** huá lì （華麗である）

名 **才华** cái huá （才気、すぐれた才能）

形 **豪华** háo huá （贅沢である、豪華である）

例文

- **这个酒店很豪华。** zhè ge jiǔ diàn hěn háo huá （このホテルはとても豪華だ。）

- **他很有才华。** tā hěn yǒu cái huá （彼にはすぐれた才能がある。）

- **华山是中国的名山之一。** huà shān shì zhōng guó de míng shān zhī yī （華山は中国の有名な山の1つだ。）

- **我们去华人街吃饭吧。** wǒ men qù huá rén jiē chī fàn ba （中華街にご飯を食べに行こう。）

míng

名

🔊 Track 359

日本漢字 名　繁体字 名

単語／表現

名 **名字** míng zi （名前）

形 **著名** zhù míng （著名である、有名である）

名 **名气** míng qì （評判、名声）

例文

- **你叫什么名字?** nǐ jiào shén me míng zi （お名前は?）

- **他是有名的演员。** tā shì yǒu míng de yǎn yuán （彼は有名な役者だ。）

- **我是一名医生。** wǒ shì yì míng yī shēng （私は医者だ。）

- **这个餐厅的名气很大。** zhè ge cān tīng de míng qì hěn dà （このレストランはとても有名だ。）

346

què

确

🔊 Track 360

日本漢字 確　繁体字 確

単語／表現

形 副 **确实** què shí （確実である／確かに）

形 動 **确定** què dìng （確かである／確定する）

動 **确认** què rèn （確認する、はっきり認める）

形 **准确** zhǔn què （確かである、正確である）

例文

- **你确定吗?** nǐ què dìng ma （確かなの?）

- **你说的确实没错。** nǐ shuō de què shí méi cuò （君の言ったことは確かに間違いない。）

- **一定要确保安全。** yí dìng yào què bǎo ān quán （必ず安全を確保しなければいけない。）

- **我确信自己能成功。** wǒ què xìn zì jǐ néng chéng gōng （私は自分の成功を確信している。）

347

cái

才

日本漢字 才　繁体字 才

単語／表現

名 **才能** cái néng （才能、能力）

名 **刚才** gāng cái （先ほど、ついさっき）

名 **人才** rén cái （人材、器量）

名 **口才** kǒu cái （弁舌の才）

例文

- 他才十八岁。 tā cái shí bā suì （彼はまだ18歳だ。）

- 我们才吃过午饭。 wǒ men cái chī guo wǔ fàn （私たちは昼ごはんを食べたばかりだ。）

- 你刚才说什么? nǐ gāng cái shuō shén me （さっきなんて言った？）

- 他的口才太好了。 tā de kǒu cái tài hǎo le （彼は本当に弁が立つ。）

348

kē

科

日本漢字 科　繁体字 科

◀)) Track
362

単語／表現

名 **科技** kē jì （科学技術）

名 形 **科学** kē xué （科学／科学的である）

名 **儿科** ér kē （小児科）

例文

- 科技越来越发达。 kē jì yuè lái yuè fā dá （科学技術がどんどん発達している。）

- 我想成为一名科学家。 wǒ xiǎng chéng wéi yì míng kē xué jiā （私は科学者になりたい。）

- 考试要考几个科目? kǎo shì yào kǎo jǐ ge kē mù （テストは何科目受けるの？）

- 科学可以解释这个现象。 kē xué kě yǐ jiě shì zhè ge xiàn xiàng （この現象は科学で説明できる。）

349

zhāng

张

日本漢字 張　繁体字 張

🔊 Track **363**

単語／表現

- 形 **紧张** jǐn zhāng （緊張する、余裕がない、忙しい）
- 形 **夸张** kuā zhāng （大げさである、誇張である）
- 動 **开张** kāi zhāng （店開きする、開業する）
- 形 **慌张** huāngzhāng （慌てる、そそっかしい）

例文

- **不要慌张。** bú yào huāngzhāng （慌てないで。）
- **太夸张了吧。** tài kuā zhāng le ba （大げさすぎるでしょ。）
- **我有一点紧张。** wǒ yǒu yì diǎn jǐn zhāng （ちょっと緊張している。）
- **我最喜欢这张唱片。** wǒ zuì xǐ huan zhè zhāngchàngpiàn （私はこのレコードが一番好きだ。）

350

xìn shēn

信

日本漢字 信　繁体字 信

🔊 Track **364**

単語／表現

- 動 **相信** xiāng xìn （信じる、信用する）
- 動 **写信** xiě xìn （手紙を書く）
- 動 名 **信任** xìn rèn （信じて任せる／信頼）
- 名 形 動 **自信** zì xìn （自信／自信がある／〜と自負する）

例文

- **我相信你。** wǒ xiāng xìn nǐ （君を信じるよ。）
- **你收到信了吗?** nǐ shōu dào xìn le ma （手紙は受け取った?）
- **这个消息值得信赖。** zhè ge xiāo xi zhí de xìn lài （この情報は信頼に値する。）
- **你要对自己有自信。** nǐ yào duì zì jǐ yǒu zì xìn （自分に自信を持たないと。）

351

mǎ

马

日本漢字 馬　繁体字 馬

単語／表現

副 mǎ shàng
马上 （すぐ、直ちに）

名 mǎ lù
马路 （大通り、道路）

動 名 sài mǎ
赛马 （競馬をする／競馬）

例文

- tā yě mǎ shàng dào
他也马上到。（彼ももうすぐ着く。）

- wǒ shì shǔ mǎ de
我是属马的。（私は午年だ。）

- guò le mǎ lù jiù dào le
过了马路就到了。（道路を渡ったらすぐ着くよ。）

- sài mǎ bǐ sài kāi shǐ le
赛马比赛开始了。（競馬のレースが始まった。）

352

jié jiē

节

日本漢字 節　繁体字 節

🔊 Track
366

単語／表現

名 jié rì
节日 （記念日、祭日、祝日）

動 guò jié
过节 （祝日を祝う、祝日を過ごす）

動 jié yuē
节约 （節約する）

動 jié shěng
节省 （節約する、倹約する）

例文

- xià jié shì shén me kè
下节是什么课? （次は何の授業?）

- zhè ge jié mù hěn yǒu yì si
这个节目很有意思。（この番組はとても面白い。）

- wǒ jié shěng le hěn duō qián
我节省了很多钱。（お金をたくさん節約できた。）

- nǐ jīn nián chūn jié fàng jǐ tiān jià
你今年春节放几天假? （今年の春節は何連休なの?）

353

huà

话

日本漢字 話　繁体字 話

単語／表現

名 **话题** huà tí （話題）

動 **说话** shuō huà （話をする、ものを言う）

名 **电话** diàn huà （電話）

名 動 **笑话** xiào hua （笑い話、冗談／あざ笑う）

例文

- **他话不多。** tā huà bù duō （彼は口数が少ない。）

- **不要说大话。** bú yào shuō dà huà （大口を叩かないで。）

- **这都是题外话。** zhè dōu shì tí wài huà （これはすべて余談だ。）

- **你可要说话算话。** nǐ kě yào shuō huà suàn huà （言ったことには責任を持ってね。）

354

mǐ

米

日本漢字 米　繁体字 米

単語／表現

名 **大米** dà mǐ （米、白米）

名 **玉米** yù mǐ （とうもろこし）

名 **米饭** mǐ fàn （ご飯、ライス）

例文

- **我喜欢吃米饭。** wǒ xǐ huan chī mǐ fàn （私は白ごはんが好きだ。）

- **这个玉米真甜。** zhè ge yù mǐ zhēn tián （このとうもろこしはすごく甘い。）

- **这个楼有两百米高。** zhè ge lóu yǒu liǎng bǎi mǐ gāo （このビルは高さ200mだ。）

- **这家是米其林一星餐厅。** zhè jiā shì mǐ qí lín yī xīng cān tīng （この店はミシュラン一つ星レストランだ。）

355

zhěng

整

日本漢字 **整**　繁体字 **整**

🔊 Track 369

単語／表現

- zhěng lǐ
  動 **整理**（整理する、片付ける）
- zhěng tǐ
  名 **整体**（全体、総体）
- zhěng jié
  形 **整洁**（きちんとしている）
- wánzhěng
  形 **完整**（整っている、欠けたところがない）

例文

- fáng jiān hěn zhěng qí
  房间很整齐。（部屋がとても片付いている。）

- tā máng le zhěngzhěng yì tiān
  他忙了整整一天。（彼は丸一日中忙しくしていた。）

- zhěng ge guòchéng dōu hěn shùn lì
  整个过程都很顺利。（全過程を通してとても順調だった。）

- wǒ men yì zhěng tiān dōu zài wài miàn
  我们一整天都在外面。（私たちは一日中外にいた。）

356

kōng kòng kǒng

空

日本漢字 **空**　繁体字 **空**

🔊 Track 370

単語／表現

- kōng tiáo
  名 **空调**（空調、エアコン）
- kōng qì
  名 **空气**（空気、雰囲気）
- kòng bái
  名 **空白**（空白、余白）
- kòngxián
  動 名 **空闲**（暇になる、手がすく／暇）

例文

- wǒ jīn tiān méi kòng
  我今天没空。（今日は空いている時間がない。）

- jiào shì li kōng wú yì rén
  教室里空无一人。（教室には誰一人いない。）

- zhè li de kōng qì zhēn hǎo
  这里的空气真好。（ここの空気は本当に良い。）

- wǒ jīn tiān yǒu hěn duō kòngxián shí jiān
  我今天有很多空闲时间。（今日は暇な時間がたくさんある。）

357 yuán

元

日本漢字 元　**繁体字** 元　🔊 Track **371**

単語／表現

名 **单元** dān yuán （集合住宅のひとつのまとまり）

名 **元配** yuán pèi （最初にめとった妻）

名 **元旦** yuán dàn （元旦、元日）

例文

- 一瓶水五元钱。 yì píngshuǐ wǔ yuánqián （水一本5元です。）

- 我们元旦去旅游。 wǒ men yuán dàn qù lǚ yóu （私たちは元日に旅行に行く。）

- 他被罚款一百元。 tā bèi fá kuǎn yì bǎi yuán （彼は100元の罰金を払った。）

- 日元的汇率是多少？ rì yuán de huì lǜ shì duōshao （日本円の為替レートはいくら？）

358 kuàng

况

日本漢字 况　**繁体字** 況　🔊 Track **372**

単語／表現

接 **况且** kuàng qiě （その上、それに）

名 **情况** qíngkuàng （状況、事情、様子）

名 **概况** gài kuàng （概況、大体の状況）

名 **状况** zhuàngkuàng （状況、様相）

例文

- 情况不妙。 qíngkuàng bú miào （まずい状況だ。）

- 情况有点复杂。 qíngkuàng yǒu diǎn fù zá （複雑な状況だ。）

- 你近况如何？ nǐ jìn kuàng rú hé （最近どう？）

- 健康状况很重要。 jiàn kāngzhuàngkuàng hěn zhòng yào （健康状況はとても重要だ。）

第4章　ショウロンポウ編

359

jīn

日本漢字 今　**繁体字** 今

単語／表現

名 今天 jīn tiān（今日）

名 如今 rú jīn（当今、いまのところ）

名 今后 jīn hòu（今後、以後）

例文

- 今天天气不错。 jīn tiān tiān qì bú cuò（今日の天気はいい感じだ。）
- 我今晚有约了。 wǒ jīn wǎn yǒu yuē le（今晩はもう予定が入っている。）
- 你今年几岁了? nǐ jīn nián jǐ suì le （今年で何歳になった?）
- 你今后有什么打算? nǐ jīn hòu yǒu shén me dǎ suàn （今後はどんな予定があるの?）

360

jí

日本漢字 集　**繁体字** 集

単語／表現

動 集合 jí hé（集まる、集合する）

動 召集 zhào jí（招集する）

動 形 集中 jí zhōng（集める／集中している）

例文

- 明天几点集合? míng tiān jǐ diǎn jí hé （明日は何時集合?）
- 他收集了很多书。 tā shōu jí le hěn duō shū（彼はたくさん本を収集している。）
- 这部电视剧一共几集? zhè bù diàn shì jù yí gòng jǐ jí （このドラマは全何話?）
- 我饿了就无法集中精力。 wǒ è le jiù wú fǎ jí zhōng jīng lì（私はお腹が空くと集中できなくなる。）

コラム ⑮ 1日ルーティンの動詞

 …… ルーティン動画って近年よく見かけるよね。

人の生活をのぞいてるみたいで、ついつい見ちゃう。……

 …… 1日の過ごし方から関連単語を覚えていくのもひとつの手だね。

次の表に書き出してみたから、
まずは自分の行動に沿って覚えてみよう！ ……

◀》Track **375**

時間	動詞
早上	**起床、洗脸、刷牙、喝水、吃早饭、化妆**
zǎo shang	qǐ chuáng、xǐ liǎn、shuā yá、hē shuǐ、chī zǎo fàn、huà zhuāng
朝	起きる、顔を洗う、歯を磨く、水を飲む、朝食を食べる、化粧をする
	换衣服、上厕所、练瑜伽、看新闻、看手机
	huàn yī fu、shàng cè suǒ、liàn yú jiā、kàn xīn wén、kàn shǒu jī
	着替える、トイレに行く、ヨガをする、ニュースを見る、携帯を見る
上午	**上班、工作、学习、上课、做家务、看书**
shàng wǔ	shàng bān、gōng zuò、xué xí、shàng kè、zuò jiā wù、kàn shū
午前	出勤する、働く、勉強する、授業に出る、家事をする、本を読む
中午	**吃午饭、睡午觉、午休、聊天、喝咖啡**
zhōng wǔ	chī wǔ fàn、shuì wǔ jiào、wǔ xiū、liáo tiān、hē kā fēi
昼	昼食を食べる、昼寝をする、昼休みをとる、雑談する、コーヒーを飲む

下午	买菜、逛街、运动、健身、开会、办公
xià wǔ	mǎi cài、guàng jiē、yùn dòng、jiàn shēn、kāi huì、bàn gōng
午後	買い物をする(食材)、ショッピングをする、運動する、ジムに行く、会議をする、業務をこなす
	喝茶、吃零食、放学、下课、接孩子
	hē chá、chī líng shí、fàng xué、xià kè、jiē hái zi
	お茶をする、おやつを食べる、学校が終わる、授業が終わる、子どものお迎えに行く
傍晚	下班、做饭、点外卖、吃晚饭、洗碗、散步
bàng wǎn	xià bān、zuò fàn、diǎn wài mài、chī wǎn fàn、xǐ wǎn、sàn bù
夕方	退勤する、ご飯を作る、出前をとる、晩ご飯を食べる、食器を洗う、散歩する
晚上	喝酒、看电视、看电影、打电话、刷手机、写作业
wǎn shang	hē jiǔ、kàn diàn shì、kàn diàn yǐng、dǎ diàn huà、shuā shǒu jī、xiě zuò yè
夜	お酒を飲む、テレビを見る、映画を見る、電話をする、スマホをいじる、宿題をする
	洗澡、泡澡、吹头发、护肤、拉伸运动、睡觉
	xǐ zǎo、pào zǎo、chuī tóu fa、hù fū、lā shēn yùn dòng、shuì jiào
	お風呂に入る、お風呂に浸かる、髪を乾かす、スキンケアをする、ストレッチをする、寝る
半夜	做梦、熬夜、打游戏、吃夜宵、打麻将、看电视剧
bàn yè	zuò mèng、áo yè、dǎ yóu xì、chī yè xiāo、dǎ má jiàng、kàn diàn shì jù
夜中	夢をみる、夜更かしする、ゲームをする、夜食を食べる、麻雀をする、ドラマを見る

wēn

温

日本漢字 温　**繁体字** 溫

🔊 Track 376

単語／表現

名 **温度** wēn dù （温度）

形 **温暖** wēnnuǎn （暖かい、温かい）

形 **温柔** wēn róu （おとなしい、やさしい）

動 **保温** bǎo wēn （保温する、温度を保つ）

例文

- **量体温了吗?** liáng tǐ wēn le ma （体温測った?）

- **我想要一杯温水。** wǒ xiǎng yào yì bēi wēn shuǐ （ぬるま湯が一杯欲しい。）

- **他说话很温柔。** tā shuō huà hěn wēn róu （彼は話し方がとても優しい。）

- **我很喜欢泡温泉。** wǒ hěn xǐ huan pào wēnquán （私は温泉に浸かるのが好きだ。）

---

chuán zhuàn

传

日本漢字 伝　**繁体字** 傳

🔊 Track 377

単語／表現

名 **传奇** chuán qí （伝奇、めずらしい話）

動 **宣传** xuānchuán （宣伝する、広報する）

動 **传达** chuán dá （伝達する、伝える）

名 **水浒传** shuǐ hǔ zhuàn （水滸伝）

例文

- **你看过水浒传吗?** nǐ kàn guo shuǐ hǔ zhuàn ma （水滸伝は見たことある?）

- **我被他传染感冒了。** wǒ bèi tā chuán rǎn gǎn mào le （彼に風邪をうつされた。）

- **真是名不虚传。** zhēn shì míng bù xū chuán （本当に評判にたがわないね。）

- **消息在网上传播得很快。** xiāo xi zài wǎngshangchuán bō de hěn kuài （情報がネット上で回るのはとても速い。）

363

tǔ

土

日本漢字 土　**繁体字** 土

🔊 Track **378**

単語／表現

名 **土地** tǔ dì （土地、耕地、領土）

名 **土豆** tǔ dòu （ジャガイモ）

名 **泥土** ní tǔ （土）

例文

- **我喜欢吃土豆片。** wǒ xǐ huan chī tǔ dòu piàn （私はポテトチップスが好きだ。）

- **这件衣服很土。** zhè jiàn yī fu hěn tǔ （この服はすごくダサい。）

- **土是树木的根基。** tǔ shì shù mù de gēn jī （土は樹木の基盤だ。）

- **我是土生土长的北京人。** wǒ shì tǔ shēng tǔ zhǎng de běi jīng rén （私は北京で生まれ育った。）

364

xǔ hǔ

许

日本漢字 許　**繁体字** 許

🔊 Track **379**

単語／表現

動 **许愿** xǔ yuàn （願をかける）

動 **许可** xǔ kě （許す、許可する）

数 **许多** xǔ duō （多い、たくさん）

副 **也许** yě xǔ （もしかしたら～かもしれない）

例文

- **也许吧。** yě xǔ ba （そうかもね。）

- **我许了一个愿。** wǒ xǔ le yí ge yuàn （お願い事を1つした。）

- **许多人来到了现场。** xǔ duō rén lái dào le xiànchǎng （多くの人が現場にやって来た。）

- **我得到了公司的许可。** wǒ dé dào le gōng sī de xǔ kě （会社の許可を得た。）

365

bù

歩

日本漢字 歩　**繁体字** 歩

🔊 Track 380

単語／表現

動 sàn bù **散步**（散歩する）

動 jìn bù **进步**（進歩する）

名 jiǎo bù **脚步**（歩幅、足どり）

例文

- tā de jìn bù hěn dà
  他的进步很大。（彼の進歩はとても大きい。）

- fàn hòu yì qǐ qù sàn bù ba
  饭后一起去散步吧。（食後に一緒に散歩に行こう。）

- wǒ men bù rù le xīn de jiē duàn
  我们步入了新的阶段。（私たちは新しい段階に足を踏み入れた。）

- wǒ men yào xué huì hù xiāng ràng bù
  我们要学会互相让步。（私たちは互いに譲歩することを学ばなければいけない。）

366

qún

群

日本漢字 群　**繁体字** 群

🔊 Track 381

単語／表現

名 qún zhòng **群众**（大衆、民衆）

名 qún tǐ **群体**（群体、グループ）

名 rén qún **人群**（人の群れ、人混み）

例文

- rén qún dōu sàn le
  人群都散了。（大衆は皆引き揚げた。）

- wǒ jiā rù le qún liáo
  我加入了群聊。（私はグループトークに加わった。）

- qún zhòng de lì liang hěn dà
  群众的力量很大。（群衆の力はとても大きい。）

- yì qún hái zi zài gōngyuánwánshuǎ
  一群孩子在公园玩耍。（子どもたちが公園で遊んでいる。）

367 guǎng

广

日本漢字 広　繁体字 廣

🔊 Track **382**

単語／表現

名 广场 guǎng chǎng （広場、商業施設）

名 广告 guǎng gào （広告、CM）

形 广大 guǎng dà （広大な、大きい、広範な）

動 名 广播 guǎng bō （放送する／放送、番組）

例文

- 我喜欢听广播。 wǒ xǐ huan tīng guǎng bō （私はラジオを聴くのが好きだ。）
- 他的知识面很广。 tā de zhī shi miàn hěn guǎng （彼はとても知見が広い。）
- 广场上有很多人。 guǎng chǎng shàng yǒu hěn duō rén （広場にはたくさんの人がいる。）
- 他的心胸很宽广。 tā de xīn xiōng hěn kuān guǎng （彼はとても度量が広い。）

368 shí dàn

石

日本漢字 石　繁体字 石

🔊 Track **383**

単語／表現

名 石头 shí tou （石、岩）

名 宝石 bǎo shí （宝石）

名 钻石 zuàn shí （ダイヤモンド）

例文

- 路上有很多小石头。 lù shang yǒu hěn duō xiǎo shí tou （道に小石がたくさんある。）
- 这个宝石很名贵。 zhè ge bǎo shí hěn míng guì （この宝石はとても貴重だ。）
- 他是个铁石心肠的人。 tā shì ge tiě shí xīn cháng de rén （彼は血も涙もない人だ。）
- 石桥上有很多人。 shí qiáo shàng yǒu hěn duō rén （石橋の上には人がたくさんいる。）

369

jì

记

日本漢字 記　**繁体字** 記

単語／表現

名 **记忆** jì yì （記憶）

名 **日记** rì jì （日記）

動 **忘记** wàng jì （忘れる）

名 **笔记** bǐ jì （筆記、メモ）

例文

- **记住了吗?** jì zhù le ma （ちゃんと覚えた?）

- **我记下地址了。** wǒ jì xià dì zhǐ le （住所は覚えた。）

- **这是谁的笔记本?** zhè shì shéi de bǐ jì běn （これは誰のノート?）

- **你记得那天发生了什么事吗?** nǐ jì de nà tiān fā shēng le shén me shì ma （あの日に何が起きたか覚えてる?）

370

xū

需

日本漢字 需　**繁体字** 需

単語／表現

動 名 **需要** xū yào （必要とする／必要、要求）

名 **需求** xū qiú （需要、求め）

動 **必需** bì xū （欠くことができない）

例文

- **需要帮忙吗?** xū yào bāngmáng ma （手伝おうか?）

- **还需要多长时间?** hái xū yào duō cháng shí jiān （あとどのくらい時間かかる?）

- **我需要考虑一段时间。** wǒ xū yào kǎo lǜ yí duàn shí jiān （私はしばらく考える必要がある。）

- **这个产品市场有需求。** zhè ge chǎn pǐn shì chǎng yǒu xū qiú （この商品は市場で需要がある。）

371

duàn

段

日本漢字 段　繁体字 段

 Track 386

単語／表現

名 **段落** duàn luò（区切り、切れ目）

名 **手段** shǒuduàn（手段、手立て）

名 **阶段** jiē duàn（段階）

例文

- **你使了什么手段？** nǐ shǐ le shén me shǒuduàn（どんな手段を使った？）
- **童年的那段时间很美好。** tóngnián de nà duàn shí jiān hěn měi hǎo（子ども時代のあの時間はとても美しいものだ。）
- **这个文章有五个段落。** zhè ge wénzhāng yǒu wǔ ge duàn luò（この文章は5つの段落がある。）

372

yán

研

日本漢字 研　繁体字 研

 Track 387

単語／表現

動 **研究** yán jiū（研究する）

動 **钻研** zuān yán（研鑽する、掘り下げて研究する）

動 **研讨** yán tǎo（研究討論する、検討する）

例文

- **我是研究生。** wǒ shì yán jiū shēng（私は大学院生だ。）
- **我参加了研讨会。** wǒ cān jiā le yán tǎo huì（私はセミナーに参加した。）
- **研究结果很成功。** yán jiū jié guǒ hěn chénggōng（研究結果は成功した。）
- **我每天早上都研磨咖啡豆。** wǒ měi tiān zǎo shangdōu yán mó kā fēi dòu（私は毎朝コーヒー豆を挽いている。）

373

jiè

界

日本漢字 界　繁体字 界

◀)) Track 388

単語／表現

名 **世界**（世界）
shì jiè

名 **界限**（けじめ、境界線）
jiè xiàn

名 **境界**（境界、域）
jìng jiè

動 **交界**（境を接する）
jiāo jiè

例文

- **我想环游世界。**（私は世界を周遊したい。）
wǒ xiǎng huán yóu shì jiè

- **一定要划清界限。**（はっきりと一線を画すべきだ。）
yí dìng yào huà qīng jiè xiàn

- **她在艺术界很有名。**（彼女は芸術界で有名だ。）
tā zài yì shù jiè hěn yǒu míng

- **这本书让我大开眼界**（この本は私の見聞を広めてくれた。）
zhè běn shū ràng wǒ dà kāi yǎn jiè

374

lā

拉

日本漢字 拉　繁体字 拉

◀)) Track 389

単語／表現

動 **拉手**（手をつなぐ）
lā shǒu

名 **拉面**（ラーメン）
lā miàn

動 **拖拉**（ずるずる引き延ばす）
tuō lā

名 **拉链**（チャック、ファスナー）
lā liàn

例文

- **拉链坏了。**（ファスナーが壊れた。）
lā liàn huài le

- **他们手拉着手。**（彼らは手を繋いでいる。）
tā men shǒu lā zhe shǒu

- **他会拉小提琴。**（彼はバイオリンが弾ける。）
tā huì lā xiǎo tí qín

- **不要拖拖拉拉。**（もたもたしないで。）
bú yào tuō tuō lā lā

375

lín

林

| 日本漢字 | 林 | 繁体字 | 林 |

🔊 Track 390

単語／表現

名 **树林** shù lín （林）

名 **森林** sēn lín （森林、森）

名 **林子** lín zi （林）

例文

- **林先生，你好。** lín xiānsheng nǐ hǎo （林さん、こんにちは。）
- **森林里很安静。** sēn lín li hěn ān jìng （森の中はとても静かだ。）
- **我们在树林里散步。** wǒ men zài shù lín li sàn bù （私たちは林の中を散歩している。）
- **京都的竹林很美。** jīng dū de zhú lín hěn měi （京都の竹林はとてもキレイだ。）

376

lǜ

律

| 日本漢字 | 律 | 繁体字 | 律 |

🔊 Track 391

単語／表現

名 **律师** lǜ shī （弁護士）

名 形 **规律** guī lǜ （法則、規則／規則正しい）

名 **纪律** jì lǜ （規律）

名 **法律** fǎ lǜ （法律）

例文

- **他是一名律师。** tā shì yì míng lǜ shī （彼は弁護士だ。）
- **我们必须遵守法律。** wǒ men bì xū zūn shǒu fǎ lǜ （私たちは必ず法律を守らなければならない。）
- **这个音律很耳熟。** zhè ge yīn lǜ hěn ěr shú （この音律は聴き覚えがある。）
- **他是一个自律的人。** tā shì yí ge zì lǜ de rén （彼は自立した人だ。）

231

377

jiào

叫

日本漢字 叫　繁体字 叫

◀) Track 392

単語／表現

名 jiào shēng
叫声 （叫び声）

動 jiān jiào
尖叫 （甲高い声で叫ぶ）

動 jiào hǎn
叫喊 （叫ぶ、大声を出す）

例文

tā jiào shén me míng zi
・她叫什么名字？ （彼女の名前は何ていうの？）

dà jiā dōu zài jiào hǎo
・大家都在叫好。 （みんな喝采している。）

xiǎo gǒu yì zhí zài jiào
・小狗一直在叫。 （子犬がずっと吠えている。）

quánchǎng fěn sī dōu zài jiān jiào
・全场粉丝都在尖叫。 （会場中のファンが叫んでいる。）

378

qiě jū

且

日本漢字 且　繁体字 且

◀) Track 393

単語／表現

接 bìng qiě
并且 （しかも、かつ）

接 ér qiě
而且 （かつ、そのうえ）

表 qiě màn
且慢 （ちょっと待て、早まるな）

例文

xiàn zài qiě bú lùn jié guǒ
・现在且不论结果。 （今はひとまず結果については議論しない。）

qiě màn　děng wǒ bǎ huà shuōwán
・且慢，等我把话说完。 （ちょっと待って、最後まで話させて。）

zhè jiā diàn hǎo chī ér qiě hái pián yi
・这家店好吃而且还便宜。 （この店は美味しい上に安い。）

379

jiū

究

日本漢字 究　繁体字 究

🔊 Track **394**

単語／表現

- 動 **研究** yán jiū （研究する、検討する）
- 副 **究竟** jiū jìng （いったい、結局、しょせん）
- 副 **终究** zhōng jiū （結局のところ、最後には）

例文

- **不要再追究了。** bú yào zài zhuī jiū le （もう追求するのはやめよう。）
- **究竟怎么了？** jiū jìng zěn me le （一体どうしたの？）
- **事故终究发生了。** shì gù zhōng jiū fā shēng le （事故は結局発生した。）
- **他很讲究饮食。** tā hěn jiǎng jiu yǐn shí （彼は飲食にこだわりがある。）

380

guān guàn

观

日本漢字 観　繁体字 觀

🔊 Track **395**

単語／表現

- 動 **观察** guān chá （観察する）
- 動 **参观** cān guān （見学する、見物する）
- 形 **壮观** zhuàngguān （眺めが壮大である）

例文

- **先观察一下。** xiān guān chá yí xià （まず観察してみる。）
- **景色很壮观。** jǐng sè hěn zhuàngguān （景色がとても壮大である。）
- **你的观点很有意思。** nǐ de guāndiǎn hěn yǒu yì si （君の観点はとても面白い。）
- **我今天要去观看足球比赛。** wǒ jīn tiān yào qù guān kàn zú qiú bǐ sài （私は今日サッカーの試合観戦に行く。）

…… 同じ漢字で意味が違う単語、まだまだあるね。

知らないと勘違いが起こりやすいものもあるから要注意だね！ ……

 …… 同じだと思い込まないことが大事かも。

例文を見て使い方も一緒に勉強しよう！ ……

◀)) Track **396**

日本語	中国語	例文
別人	**別人**	**不要太在意別人的想法。**
	bié ren	bú yào tài zài yì bié ren de xiǎng fǎ
	他人	ほかの人の考えを気にしすぎることはない。
迷惑	**迷惑**	**千万別被他迷惑了。**
	mí huò	qiān wàn bié bèi tā mí huò le
	惑う、惑わす	くれぐれも彼には惑わされないようにね。
看病	**看病**	**我下午要去看病。**
	kàn bìng	wǒ xià wǔ yào qù kàn bìng
	診察をする（受ける）	午後に診察を受けに行く予定だ。
依頼	**依頼**	**这孩子很依赖我。**
	yī lài	zhè hái zi hěn yī lài wǒ
	頼る、依存する	この子は私をとても頼りにしている。
約束	**約束**	**不要约束別人。**
	yuē shù	bú yào yuē shù bié ren
	束縛する	人を束縛しないで。

日本語	中国語	例文
大家	**大家**	**大家都到了吗?**
	dà jiā	dà jiā dōu dào le ma
	みんな、皆さん	みんな着いてる?
顔色	**颜色**	**你最喜欢什么颜色?**
	yán sè	nǐ zuì xǐ huan shén me yán sè
	色	何色が一番好き?
老婆	**老婆**	**我老婆很体贴。**
	lǎo po	wǒ lǎo po hěn tǐ tiē
	妻、女房	私の妻はとても思いやりがある。
清楚	**清楚**	**他说明得很清楚。**
	qīng chu	tā shuō míng de hěn qīng chu
	明らかである	彼の説明はとてもわかりやすかった。
真面目	**真面目**	**我终于看到你的真面目了。**
	zhēn miàn mù	wǒ zhōng yú kàn dào nǐ de zhēn miàn mù le
	本当の姿、正体	とうとうあなたの正体がわかった。
節目	**节目**	**今天有什么电视节目?**
	jié mù	jīn tiān yǒu shén me diàn shì jié mù
	番組、プログラム	今日はどんなテレビ番組がある?

381

yuè

越

🔊 Track 397

日本漢字 越　繁体字 越

単語／表現

動 超越 chāo yuè （超越する、越える）

動 越过 yuè guò （越える、越す）

動 穿越 chuān yuè （通り越す、通り抜ける）

例文

- 越来越冷了。 yuè lái yuè lěng le （ますます寒くなってきた。）
- 我要超越他。 wǒ yào chāo yuè tā （私は彼を越える。）
- 我们越过了山丘。 wǒ men yuè guò le shān qiū （私たちは丘を越えた。）
- 这个游戏越玩儿越上瘾。 zhè ge yóu xì yuè wánr yuè shàng yǐn （このゲームはやればやるほどハマる。）

382

zhī zhì

织

🔊 Track 398

日本漢字 織　繁体字 織

単語／表現

動 名 组织 zǔ zhī （組織する、構成する／組織）

動 编织 biān zhī （編む、織る）

動 纺织 fǎng zhī （糸を紡ぎ布を織る）

例文

- 我在织毛衣。 wǒ zài zhī máo yī （私はセーターを編んでいる。）
- 这个活动是我组织的。 zhè ge huó dòng shì wǒ zǔ zhī de （この活動は私が組織した。）
- 蜘蛛织网捕食。 zhī zhū zhī wǎng bǔ shí （蜘蛛は網をはって捕食する。）
- 这个围巾是我亲手织的。 zhè ge wéi jīn shì wǒ qīn shǒu zhī de （このマフラーは私の手編みだ。）

383

zhuāng

装

日本漢字 装　繁体字 裝

🔊 Track **399**

単語／表現

名 **服装** fú zhuāng （服装、身なり）

動 **假装** jiǎ zhuāng （ふりをする、装う）

動 **装扮** zhuāng bàn （装う、扮装する、ふりをする）

名 **西装** xī zhuāng （スーツ）

例文

- **假装没听见。** jiǎ zhuāng méi tīng jiàn （聞こえないふりをする。）

- **包里装了很多东西。** bāo li zhuāng le hěn duō dōng xi （カバンの中に物がたくさん入っている。）

- **我买了一套新西装。** wǒ mǎi le yí tào xīn xī zhuāng （新しいスーツを一式買った。）

- **我喜欢轻装旅游** wǒ xǐ huan qīng zhuāng lǚ yóu （軽装で旅行をするのが好きだ。）

384

yǐng

影

日本漢字 影　繁体字 影

🔊 Track **400**

単語／表現

動 名 **影响** yǐngxiǎng （影響する／影響）

名 **影子** yǐng zi （影、ぼんやりした形）

動 **摄影** shè yǐng （写真を撮る、撮影する）

名 **电影** diànyǐng （映画）

例文

- **我喜欢摄影。** wǒ xǐ huan shè yǐng （私は写真を撮るのが好きだ。）

- **他的影响力很大。** tā de yǐngxiǎng lì hěn dà （彼の影響力はとても大きい。）

- **这部电影很有意思。** zhè bù diànyǐng hěn yǒu yì si （この映画はとても面白い。）

- **这里怎么没有人影?** zhè li zěn me méi yǒu rén yǐng （ここはどうして人影一つないの?）

385

suàn

算

🔊 Track 401

日本漢字 算　繁体字 算

単語／表現

動 计算 jì suàn （計算する、計画する、企む）

副 总算 zǒngsuàn （やっとのことで、まあ何とか）

接 就算 jiù suàn （たとえ、仮に）

動 名 打算 dǎ suan （～するつもりだ、計画する／考え）

例文

- 算了，不去了。 suàn le bú qù le （いいや、もう行かない。）

- 算我的错。 suàn wǒ de cuò （私の間違いということで。）

- 你总算来了。 nǐ zǒngsuàn lái le （やっと来たね。）

- 你可要说话算数。 nǐ kě yào shuō huà suàn shù （約束は守ってね。）

386

dī

低

🔊 Track 402

日本漢字 低　繁体字 低

単語／表現

動 低头 dī tóu （うつむく、頭を下げる）

名 高低 gāo dī （高低、高さ、上下、優劣）

動 降低 jiàng dī （下がる、下げる）

例文

- 这个价格更低。 zhè ge jià gé gèng dī （これの方がもっと価格が低い。）

- 我比他低一年级。 wǒ bǐ tā dī yì nián jí （私は彼の一学年下だ。）

- 这个指标偏低。 zhè ge zhǐ biāopiān dī （この指数はやや低めだ。）

- 他总是低声下气的。 tā zǒng shì dī shēng xià qì de （彼はいつもへこへこしている。）

387

chí

持

日本漢字 持　繁体字 持

単語／表現

動 **持续** chí xù （続く、持続する）

動 **坚持** jiān chí （堅持する、持ちこたえる）

形 **持久** chí jiǔ （長い間持ちこたえる）

動 **保持** bǎo chí （保持する、維持する）

例文

- **我会坚持下去的。** wǒ huì jiān chí xià qù de （頑張って続けていくよ。）

- **保持身材很难。** bǎo chí shēn cái hěn nán （スタイルを維持するのは難しい。）

- **我要跟他保持距离。** wǒ yào gēn tā bǎo chí jù lí （私は彼と距離を保ちたい。）

- **这个效果是持久的。** zhè ge xiào guǒ shì chí jiǔ de （この効果は長持ちする。）

388

yīn

音

日本漢字 音　繁体字 音

単語／表現

名 **声音** shēng yīn （声、物音）

名 **音乐** yīn yuè （音楽）

名 **音响** yīn xiǎng （音響、音響機器）

名 **噪音** zào yīn （騒音、ノイズ）

例文

- **音量调小一点。** yīn liàng tiáo xiǎo yì diǎn （音量を少し小さくして。）

- **我想买一个新音响。** wǒ xiǎng mǎi yí ge xīn yīn xiǎng （新しいスピーカーを買いたい。）

- **这里的噪音好大。** zhè lǐ de zào yīn hǎo dà （ここは雑音が大きい。）

- **我喜欢听爵士音乐。** wǒ xǐ huan tīng jué shì yīn yuè （私はジャズを聴くのが好きだ。）

389

zhòng

众

単語／表現

- 名 **群众** qún zhòng （大衆、民衆）
- 名 **众人** zhòng rén （大勢の人、みんな）
- 形 **众多** zhòng duō （(人が) 多い）

例文

- 观众连声叫好。 guān zhòng lián shēng jiào hǎo （観衆から続々と歓声が上がった。）
- 这样怎么能服众呢？ zhè yàng zěn me néng fú zhòng ne （これでどうやって人々を従わせるの？）
- 我们尊重群众的意见。 wǒ men zūn zhòng qún zhòng de yì jiàn （私たちは大衆の意見を尊重する。）
- 在众人面前发言很紧张。 zài zhòng rén miànqián fā yán hěn jǐn zhāng （大勢の人の前で発言するのは緊張する。）

390

shū

书

単語／表現

- 名 **书包** shū bāo （(学生の) かばん、ランドセル）
- 名 **书本** shū běn （書物、本）
- 動 **念书** niàn shū （本を読む、勉強する）

例文

- 图书馆很安静。 tú shū guǎn hěn ān jìng （図書館はとても静かだ。）
- 这是谁的书包？ zhè shì shéi de shū bāo （これは誰のランドセル？）
- 我喜欢这家书店。 wǒ xǐ huan zhè jiā shū diàn （私はこの書店が好きだ。）
- 我今天买了三本书。 wǒ jīn tiān mǎi le sān běn shū （今日本を3冊買った。）

391

bù

布

日本漢字 **布**　繁体字 **布、佈**

単語／表現

動 **布局** bù jú （石や駒を配置する、布石を打つ）

動 **分布** fēn bù （分布する）

動 **宣布** xuān bù （宣言する、公布する、発表する）

例文

• 这个布料很舒服。 zhè ge bù liào hěn shū fu （この生地はとても気持ちいい。）

• 不要散布谣言。 bú yào sàn bù yáo yán （デマを流さないで。）

• 他们宣布要结婚了。 tā men xuān bù yào jié hūn le （彼らは結婚することを宣言した。）

• 一切都布置好了。 yí qiè dōu bù zhì hǎo le （すべて手配できている。）

392

fù

复

日本漢字 **復**　繁体字 **複、復**

単語／表現

動 **复习** fù xí （復習する）

動 **重复** chóng fù （重複する、繰り返す）

動 **恢复** huī fù （回復する、立ち直る）

動 **复杂** fù zá （複雑である）

例文

• 我正在复习功课。 wǒ zhèng zài fù xí gōng kè （私は授業を復習しているところだ。）

• 事情变得很复杂。 shì qing biàn de hěn fù zá （問題がかなり複雑になった。）

• 一切都恢复正常了。 yí qiè dōu huī fù zhèng cháng le （すべて正常に戻った。）

• 不要重复犯同样的错。 bú yào chóng fù fàn tóng yàng de cuò （同じミスを犯さないで。）

393

róng

容

日本漢字 **容**　繁体字 **容**

🔊 Track 409

単語／表現

形 動 **容易** róng yì （容易である／〜しやすい）

名 **笑容** xiàoróng （笑顔、笑い顔）

名 **容量** róngliàng （容量）

動 **宽容** kuānróng （寛容である、大目に見る）

例文

- **实在不能容忍。** shí zài bù néngróng rěn （どうしても容認できない。）
- **我很容易感冒。** wǒ hěn róng yì gǎn mào （わたしは風邪をひきやすい。）
- **她的笑容很灿烂。** tā de xiàoróng hěn càn làn （彼女の笑顔は輝いている。）
- **对人要宽容。** duì rén yào kuānróng （人には寛容であるべきだ。）

394

ér

儿

日本漢字 **児**　繁体字 **兒**

🔊 Track 410

単語／表現

名 **女儿** nǚ ér （娘）

名 **儿子** ér zi （息子）

名 **儿童** ér tóng （児童、子ども）

名 **婴儿** yīng ér （赤ちゃん、嬰児）

例文

- **等会儿。** děng huǐr （ちょっと待って。）
- **我儿子今年上小学。** wǒ ér zi jīn niánshàngxiǎo xué （私の息子は今年小学生になる。）
- **儿童票多少钱？** ér tóngpiào duō shaoqián （子どものチケットはいくらですか？）
- **一块儿吃午饭吧。** yí kuàir chī wǔ fàn ba （一緒に昼ごはんを食べよう。）

395

xū

须

日本漢字 須　繁体字 須

🔊 Track **411**

単語／表現

助動 **必须**（bì xū）（必ず～しなければならない）

名 **须知**（xū zhī）（心得、注意事項）

名 **胡须**（hú xū）（ひげ）

例文

- **作业必须按时完成。**（zuò yè bì xū àn shí wánchéng）（宿題は必ず時間通りに終わらせなければいけない。）
- **这些是须知事项。**（zhè xiē shì xū zhī shì xiàng）（これらは知っておかなければいけない事項です。）
- **他的胡须很长。**（tā de hú xū hěncháng）（彼のひげはとても長い。）
- **做人须谦虚好学。**（zuò rén xū qiān xū hào xué）（人は謙虚で勉強家であるべきだ。）

396

jì

际

日本漢字 際　繁体字 際

🔊 Track **412**

単語／表現

名 形 **国际**（guó jì）（国際／国際的な）

動 **交际**（jiāo jì）（交際する、付き合う）

名 **边际**（biān jì）（際限、果て、かぎり）

例文

- **他们俩交际很深。**（tā men liǎ jiāo jì hěnshēn）（彼らは深い付き合いだ。）
- **实际发生了什么?**（shí jì fā shēng le shén me）（実際のところ何があったの?）
- **今天是国际儿童节。**（jīn tiān shì guó jì ér tóng jié）（今日は国際児童デーだ。）
- **这是一个国际性的展览会。**（zhè shì yí ge guó jì xìng de zhǎn lǎn huì）（これは国際的な展覧会だ。）

397

shāng

日本漢字 商　繁体字 商

◀) Track 413

単語／表現

動 商量 shāngliang（相談する、協議する）

名 商店 shāngdiàn（商店、店）

名 商品 shāng pǐn（商品）

名 智商 zhì shāng（知能指数、IQ）

例文

- 我们商量一下。wǒ menshāngliang yí xià（ちょっと相談しましょう。）

- 这是一条商业街。zhè shì yì tiáoshāng yè jiē（ここは商業エリアだ。）

- 他的智商很高。tā de zhì shāng hěn gāo（彼はIQがとても高い。）

- 这家商店的东西很齐全。zhè jiā shāngdiàn de dōng xi hěn qí quán（この店は品揃えがとても良い。）

398

fēi

日本漢字 非　繁体字 非

◀) Track 414

単語／表現

形 副 非常 fēi cháng（普通でない、特殊な／非常に）

名 是非 shì fēi（是非、善し悪し）

副 莫非 mò fēi（～ではないだろうか、よもや～ではあるまい）

名 非洲 fēi zhōu（アフリカ）

例文

- 非常好！fēi cháng hǎo（すばらしい！）

- 非得今天吗？fēi děi jīn tiān ma（今日じゃなきゃダメ？）

- 我今天非吃不可。wǒ jīn tiān fēi chī bù kě（絶対に今日食べなきゃいけない。）

- 不要搬弄是非。bú yào bān nòng shì fēi（もめ事を引き起こすのはやめて。）

399

yàn

验

日本漢字 験　繁体字 験

単語／表現

動 **验证** yàn zhèng （検証する）

名 動 **经验** jīng yàn （経験／経験する）

動 **检验** jiǎn yàn （検査する、検証する）

名 動 **体验** tǐ yàn （体験／体験する）

例文

- 他的经验很丰富。 tā de jīng yàn hěn fēng fù （彼はとても経験豊富だ。）
- 化学实验很有意思。 huà xué shí yàn hěn yǒu yì si （化学実験はとてもおもしろい。）
- 我还没收到验证码。 wǒ hái méi shōu dào yàn zhèng mǎ （認証コードをまだ受け取っていない。）
- 对我来说是一个考验。 duì wǒ lái shuō shì yí ge kǎo yàn （私にとっては試練だ。）

400

lián

连

日本漢字 連　繁体字 連

単語／表現

動 **连续** lián xù （連続する、続く）

動 **相连** xiāng lián （連なる）

動 **连接** lián jiē （つながる、続く、つなぐ）

副 **一连** yì lián （引き続き、続けざまに）

例文

- 网还没连上。 wǎng hái méi lián shàng （ネットがまだ繋がっていない。）
- 她连饭都没吃就走了。 tā lián fàn dōu méi chī jiù zǒu le （彼女はご飯も食べずに行ってしまった。）
- 我连续工作了十天。 wǒ lián xù gōng zuò le shí tiān （わたしは10日連続で仕事した。）
- 他一连吃了二十个饺子。 tā yì lián chī le èr shí ge jiǎo zi （彼は餃子を続けざまに20個食べた。）

第 5 章

タンタンメン編

この章に出てくるのは401位から500位まで。ここまで来ると500位が何の漢字か気になりますよね。難易度順に並んでいるわけではないので、500字すべてが重要漢字です。最後まで加油!

401

duàn

断

🔊 Track 417

日本漢字 断　繁体字 斷

単語／表現

動 **判断** pàn duàn （判断する、判定する）

動 **诊断** zhěnduàn （診断する）

動 **中断** zhōngduàn （中断する、途切れる）

例文

- **你来判断。** nǐ lái pàn duàn （あなたが判断して。）

- **电话断了。** diàn huà duàn le （電話が切れた。）

- **诊断结果怎么样?** zhěnduàn jié guǒ zěn me yàng （診断結果どうだった?）

- **比赛突然中断了。** bǐ sài tū rán zhōngduàn le （試合が突然中断した。）

402

shēn

深

🔊 Track 418

日本漢字 深　繁体字 深

単語／表現

名 形 **深情** shēnqíng （深い情／情愛が深い）

形 **深奥** shēn ào （奥深い、難しくてわかりづらい）

名 **深山** shēnshān （深山、奥山）

例文

- **海很深。** hǎi hěn shēn （海はとても深い。）

- **这首歌很深情。** zhè shǒu gē hěn shēnqíng （この曲はとても感情がこもっている。）

- **宇宙很深奥。** yǔ zhòu hěn shēn ào （宇宙はとても奥深い。）

- **我想出国深造。** wǒ xiǎng chū guó shēn zào （私は海外へ行ってもっと勉強したい。）

403

nán nàn nuó

日本漢字 難　**繁体字** 難

🔊 Track
419

单語／表現

形 **困难** kùn nan （困難である、（経済的に）苦しい）

名 **灾难** zāi nàn （災難）

形 **难受** nán shòu （体の具合が悪い、（精神的に）つらい）

名 **磨难** mó nàn （苦しみ、苦難）

难

例文

- **那时我很难过。** nà shí wǒ hěn nán guò （あの時すごくつらかった。）

- **我有点难受。** wǒ yǒu diǎn nán shòu （ちょっと気分が悪い。）

- **这真是一个难题。** zhè zhēn shì yí ge nán tí （これは本当に難題だ。）

- **难道你忘了吗?** nán dào nǐ wàng le ma （まさか忘れたの?）

404

jìn

日本漢字 近　**繁体字** 近

🔊 Track
420

单語／表現

形 **附近** fù jìn （付近の、近所の）

名 **近况** jìn kuàng （近況）

名 **近处** jìn chù （近いところ、近所）

近

例文

- **我是近视眼。** wǒ shì jìn shì yǎn （私は近視だ。）

- **我家离公司很近。** wǒ jiā lí gōng sī hěn jìn （私の家は会社からとても近い。）

- **附近开了一家新餐厅。** fù jìn kāi le yì jiā xīn cān tīng （近所に新しいレストランがオープンした。）

- **近来他工作很忙。** jìn lái tā gōng zuò hěn máng （近ごろ彼は仕事がとても忙しい。）

405

kuàng

矿

日本漢字 鉱　繁体字 礦

🔊 Track 421

単語／表現

cǎi kuàng
動 采矿 （採鉱する、鉱石を採掘する）

kuàngchǎn
名 矿产 （鉱産物、鉱物）

kuàngquánshuǐ
名 矿泉水 （ミネラルウォーター）

例文

méi kuàng shì bǎo guì de zī yuán
- 煤矿是宝贵的资源。（炭鉱は貴重な資源だ。）

wǒ mǎi le yì píng kuàngquánshuǐ
- 我买了一瓶矿泉水。（ミネラルウォーターを1本買った。）

kuànggōng de gōngzuò hěn xīn kǔ
- 矿工的工作很辛苦。（鉱山労働者の仕事はとても辛い。）

wǒ duì kuàngchǎn hěn gǎn xìng qù
- 我对矿产很感兴趣。（わたしは鉱山物に興味がある。）

406

qiān

千

日本漢字 千　繁体字 千、韆

🔊 Track 422

単語／表現

qiānwàn
副 千万 （どんなことがあっても、くれぐれも）

qiū qiān
名 秋千 （ブランコ）

例文

qiānwàn bié wàng le
- 千万别忘了。（くれぐれも忘れないでね。）

wǒ zài gōngyuándàng qiū qiān
- 我在公园荡秋千。（私は公園でブランコをこいでいる。）

yì qiān mǐ děng yú yì gōng lǐ
- 一千米等于一公里。（1000mは1kmに等しい。）

tā zhēn shi qiān bēi bú zuì
- 他真是千杯不醉。（彼は本当にザルだ。）

407 zhōu

周

日本漢字 周　繁体字 周、週

🔊 Track **423**

単語／表現

zhōu mò
名 **周末**（週末）

zhōu wéi
名 **周围**（周囲、まわり）

zhōubiān
名 **周边**（周辺、まわり）

例文

zhè zhōu mò chū qù wán
- **这周末出去玩。**（今週末はお出かけする。）

wǒ men xià zhōu sān jiàn
- **我们下周三见。**（来週の水曜日に会おう。）

zhōu wéi de fēng jǐng hěn měi
- **周围的风景很美。**（周囲の風景がとてもキレイだ。）

zhōuniánqìngdiǎnkuài kāi shǐ le
- **周年庆典快开始了。**（1周年の祝典がもうすぐ始まる。）

408 wěi wēi

委

日本漢字 委　繁体字 委

🔊 Track **424**

単語／表現

wěi yuán
名 **委员**（委員）

wěi qu
形 **委屈**（無念である、やりきれない）

wěi wǎn
形 **委婉**（（言葉が）婉曲である）

例文

tā shòu wěi qu le
- **他受委屈了。**（彼はいわれのないつらい思いをした。）

wěi yuán huì zhèng zài kāi huì
- **委员会正在开会。**（委員会は会議中だ。）

wǒ wěi tuō tā bàn le diǎn shì
- **我委托他办了点事。**（私はちょっとした仕事を彼に頼んだ。）

zhè shì yì zhǒng wěi wǎn de shuō fǎ
- **这是一种委婉的说法。**（これは婉曲的な言い方だ。）

日本漢字 素　**繁体字** 素

🔊 Track **425**

sù

素

単語／表現

名 因素 (要素、要因) yīn sù

形 朴素 (地味である、素朴である) pǔ sù

名 素材 (素材) sù cái

例文

- 我吃素。(わたしはベジタリアンだ。) wǒ chī sù
- 我们素不相识。(私たちは赤の他人だ。) wǒ men sù bù xiāng shí
- 他穿的很素气。(彼の服装は地味だ。) tā chuān de hěn sù qi
- 他们一家生活很朴素。(彼の一家は質素な暮らしをしている。) tā men yì jiā shēng huó hěn pǔ sù

日本漢字 技　**繁体字** 技

🔊 Track **426**

jì

技

単語／表現

名 技术 (技術) jì shù

名 科技 (科学技術) kē jì

名 演技 (演技) yǎn jì

例文

- 他的球技很好。(彼は球技が得意だ。) tā de qiú jì hěn hǎo
- 这个很考验技术。(これは技術を問われる。) zhè ge hěn kǎo yàn jì shù
- 这个演员的演技很好。(この役者は演技力が高い。) zhè ge yǎn yuán de yǎn jì hěn hǎo
- 掌握技巧需要时间。(テクニックを身につけるのには時間が必要だ。) zhǎng wò jì qiǎo xū yào shí jiān

411 bèi

备

日本漢字 備　繁体字 備

単語／表現

動 <ruby>准备<rt>zhǔn bèi</rt></ruby>（準備する、～するつもりである）

動 <ruby>责备<rt>zé bèi</rt></ruby>（責める、とがめる）

動 <ruby>预备<rt>yù bèi</rt></ruby>（準備する、用意する）

動 <ruby>防备<rt>fáng bèi</rt></ruby>（防備する、用心する）

例文

- <ruby>准备好了吗<rt>zhǔn bèi hǎo le ma</rt></ruby>?　（準備はいい?）

- <ruby>不要责备他了<rt>bú yào zé bèi tā le</rt></ruby>。（もう彼を責めないで。）

- <ruby>预备<rt>yù bèi</rt></ruby>，<ruby>开始<rt>kāi shǐ</rt></ruby>!　（よーい、はじめ!）

- <ruby>我买了两个<rt>wǒ mǎi le liǎng ge</rt></ruby>，<ruby>一个备用<rt>yí ge bèi yòng</rt></ruby>。（2つ買って、1つは予備。）

412 bàn

半

日本漢字 半　繁体字 半

単語／表現

数 <ruby>一半<rt>yí bàn</rt></ruby>（半分）

名 <ruby>半天<rt>bàn tiān</rt></ruby>（半日、長い時間）

名 <ruby>半夜<rt>bàn yè</rt></ruby>（真夜中、夜中、半夜）

例文

- <ruby>休息半个小时<rt>xiū xi bàn ge xiǎo shí</rt></ruby>。（30分休憩する。）

- <ruby>我们一人一半<rt>wǒ men yì rén yí bàn</rt></ruby>。（2人で半分こしよう。）

- <ruby>我已经等了半天了<rt>wǒ yǐ jīng děng le bàn tiān le</rt></ruby>。（もうずいぶん待っている。）

- <ruby>半夜三更发生什么事了<rt>bàn yè sān gēng fā shēng shén me shì le</rt></ruby>?　（こんな真夜中に何があったの?）

413

bàn

办

日本漢字 弁　繁体字 辦

単語／表現

名 **办法** bàn fǎ （方法、手段、やり方）

名 **办事** bàn shì （仕事をする、用を足す）

名 **办公室** bàn gōng shì （オフィス、事務室）

例文

- **怎么办？** zěn me bàn （どうしよう?）

- **办公室在八楼。** bàn gōng shì zài bā lóu （オフィスは8階にある。）

- **办理入学手续。** bàn lǐ rù xué shǒu xù （入学の手続きをする。）

- **我今天要出去办事。** wǒ jīn tiān yào chū qù bàn shì （今日は外出して用事を済ませる予定だ。）

414

qīng

青

日本漢字 青　繁体字 青

単語／表現

形 **年青** nián qīng （年が若い）

名 **青菜** qīng cài （青梗菜（と類似の葉物野菜）、野菜）

名 **青蛙** qīng wā （カエル）

例文

- **我怕青蛙。** wǒ pà qīng wā （私はカエルが怖い。）

- **多吃青菜对身体好。** duō chī qīng cài duì shēn tǐ hǎo （野菜をたくさん食べるのは身体に良い。）

- **青春充满活力。** qīng chūn chōng mǎn huó lì （青春はエネルギーに満ちている。）

- **她穿着青色的连衣裙。** tā chuān zhe qīng sè de lián yī qún （彼女は青緑色のワンピースを着ている。）

415 shěng xǐng

日本漢字 省　繁体字 省

🔊 Track **431**

単語／表現

動 **节省** jié shěng （節約する、倹約する）

動 **反省** fǎn xǐng （反省する）

動 **省心** shěng xīn （心配がいらない、気楽である）

例文

- **河南省很大。** hé nán shěng hěn dà （河南省はとても大きい。）

- **这个孩子真省心。** zhè ge hái zi zhēn shěng xīn （この子は本当に手がかからない。）

- **你好好反省一下吧。** nǐ hǎo hǎo fǎn xǐng yí xià ba （ちゃんと反省した方がいいよ。）

- **他省略了重要的细节。** tā shěng lüè le zhòng yào de xì jié （彼は重要な細部を省略した。）

416 liè

日本漢字 列　繁体字 列

🔊 Track **432**

単語／表現

名 **队列** duì liè （隊列）

動 **并列** bìng liè （並列する、横に並ぶ）

動 **排列** pái liè （順序よく並べる、配列する）

例文

- **请排成一列。** qǐng pái chéng yí liè （一列にお並びください。）

- **我列了一个清单。** wǒ liè le yí ge qīng dān （リストを1つ作った。）

- **我的牙齿排列不整齐。** wǒ de yá chǐ pái liè bù zhěng qí （私は歯並びが良くない。）

- **我们得了并列第一。** wǒ men dé le bìng liè dì yī （私たちは同率1位を獲得した。）

417

xí

日本漢字 習　繁体字 習

🔊 Track 433

単語／表現

名 動 **习惯** xí guàn （習慣／〜に慣れる）

動 **学习** xué xí （学習する、勉強する、見習う）

動 名 **练习** liàn xí （練習する／練習問題）

例文

- **他习惯早起。** tā xí guàn zǎo qǐ （彼は早起きに慣れている。）

- **你预习课文了吗?** nǐ yù xí kè wén le ma （教科書の本文予習した?）

- **我每天都练习钢琴。** wǒ měi tiān dōu liàn xí gāng qín （私は毎日ピアノを練習する。）

- **我每天都努力学习。** wǒ měi tiān dōu nǔ lì xué xí （私は毎日頑張って勉強する。）

418

xiǎng

日本漢字 響　繁体字 響

🔊 Track 434

単語／表現

名 **音响** yīn xiǎng （音響、音響機器）

動 名 **影响** yǐngxiǎng （影響する、感化する／影響）

形 **响亮** xiǎngliàng （(声や音が) 高らかである、よく響く）

例文

- **闹钟响了。** nào zhōng xiǎng le （目覚まし時計が鳴った。）

- **谁的手机响了?** shéi de shǒu jī xiǎng le （誰の携帯が鳴った?）

- **他的声音很响亮。** tā de shēng yīn hěn xiǎngliàng （彼の声は高らかでよく通る。）

- **这个音响的音质很好。** zhè ge yīn xiǎng de yīn zhì hěn hǎo （このスピーカーは音質が良い。）

419

yuē yāo

约

日本漢字 約　　繁体字 約

◀) Track 435

単語／表現

動 **约定** yuē dìng （約束する）

動 **约束** yuē shù （束縛する、制限する）

名 **约会** yuē huì （デート、会う約束）

動 **预约** yù yuē （予約する、申し込みをする）

例文

• **有没有预约？** yǒu méi you yù yuē （予約はした？）

• **大约还要一个小时。** dà yuē hái yào yí ge xiǎo shí （だいたいあと1時間くらい。）

• **约在老地方见面。** yuē zài lǎo dì fang jiàn miàn （いつものところで会おう。）

• **不要太约束自己。** bú yào tài yuē shù zì jǐ （自分に制限をかけすぎないで。）

420

zhī

支

日本漢字 支　　繁体字 支

◀) Track 436

単語／表現

動 **支付** zhī fù （（金を）支払う）

動 **支撑** zhī chēng （支える、我慢する、堪える）

動 **支持** zhī chí （支持する）

動 **支援** zhī yuán （支援する、助ける）

例文

• **这支笔很好写。** zhè zhī bǐ hěn hǎo xiě （このペンはとても書きやすい。）

• **费用已经支付了。** fèi yòng yǐ jīng zhī fù le （費用はもう支払った。）

• **我支持你的决定。** wǒ zhī chí nǐ de jué dìng （あなたの決定を支持する。）

• **我很喜欢这支乐队。** wǒ hěn xǐ huan zhè zhī yuè duì （私はこのバンドが好きだ。）

257

簡体字と日本の漢字って、
同じと見せかけて微妙に違うものがあるよね？

私も長い間気づいてなかったもの結構あるよ……。

手書きだったらどっちを書いても気づかないかも(笑)

30個ピックアップしたから間違い探ししてみて！

🔊 Track 437

中国語	日本語	中国語	日本語	中国語	日本語
着	着	具	具	真	真
zhāo		jù		zhēn	
黑	黒	压	圧	步	歩
hēi		yā		bù	
写	写	天	天	角	角
xiě		tiān		jiǎo	
差	差	变	変	别	別
chā		biàn		bié	

中国語	日本語	中国語	日本語	中国語	日本語
骨	骨	**对**	対	**决**	決
gǔ		duì		jué	
边	辺	**污**	汚	**德**	徳
biān		wū		dé	
母	母	**每**	毎	**画**	画
mǔ		měi		huà	
曾	曽	**单**	単	**微**	微
céng		dān		wēi	
勇	勇	**吕**	呂	**户**	戸
yǒng		lǚ		hù	
敢	敢	**花**	花	**包**	包
gǎn		huā		bāo	

421

bān bō pán

般

日本漢字 般　繁体字 般

◀)) Track 438

単語／表現

形 一般 yì bān （普通である、一般の、同じ、同様の）

形 全般 quán bān （全般の、すべての）

副 百般 bǎi bān （いろいろな方法で、さまざまな）

例文

- 一般般吧。 yì bān bān ba （まあ、普通かな。）

- 他们很般配。 tā men hěn bān pèi （彼らはとてもお似合いだ。）

- 一般情况下没问题。 yì bān qíngkuàng xià méi wèn tí （一般的な状況下なら問題ない。）

- 他百般刁难我。 tā bǎi bān diāo nàn wǒ （彼はあれこれと手を尽くして私を困らせる。）

422

shǐ

史

日本漢字 史　繁体字 史

◀)) Track 439

単語／表現

名 历史 lì shǐ （歴史、過ぎ去った出来事、経歴）

名 史前 shǐ qián （有史以前、先史）

例文

- 他是历史老师。 tā shì lì shǐ lǎo shī （彼は歴史の先生だ。）

- 史记是古老的书。 shǐ jì shì gǔ lǎo de shū （史記は古い歴史を持つ本だ。）

- 我喜欢看历史剧。 wǒ xǐ huankàn lì shǐ jù （私は史劇が好きだ。）

- 这是史上最大的发现。 zhè shì shǐ shàng zuì dà de fā xiàn （これは史上最大の発見だ。）

423

gǎn

感

日本漢字 感　繁体字 感

◀)) Track
440

単語／表現

gǎn dòng
動 **感动**（感動する、心を打たれる）

gǎn jī
動 **感激**（心を強く動かされる、感謝する）

gǎn shòu
動 名 **感受**（(影響を)受ける、感じる／感銘）

gǎn kǎi
動 **感慨**（感慨を覚える、深く感動する）

例文

gǎn xiè nǐ de bāng zhù
• **感谢你的帮助。**（ご協力に感謝します。）

gǎn mào le yào duō xiū xi
• **感冒了要多休息。**（風邪を引いたらちゃんと休むことだ。）

zhè bù diàn yǐng tài gǎn rén le
• **这部电影太感人了。**（この映画はとても感動的だ。）

wǒ gǎn shòu dào le tā men de rè qíng
• **我感受到了他们的热情。**（彼らの熱意を感じた。）

424

láo

劳

日本漢字 労　繁体字 勞

◀)) Track
441

単語／表現

láo dòng
名 動 **劳动**（労働／肉体労働をする）

qín láo
形 **勤劳**（勤勉である、まめである）

wèi láo
動 **慰劳**（慰労する、労わる）

例文

láo lèi le yì tiān
• **劳累了一天。**（一日中働いてくたくただ。）

tā hěn qín láo
• **他很勤劳。**（彼はとても勤勉だ。）

zhè dōu shì nǐ de gōng láo
• **这都是你的功劳。**（これはすべてあなたの功績だ。）

hǎo hǎo wèi láo yí xià zì jǐ ba
• **好好慰劳一下自己吧。**（自分をちゃんと労ってあげよう。）

261

425

bián pián

便

日本漢字 便　　**繁体字** 便

単語／表現

形 動 **方便** fāngbiàn （便利な、都合が良い／便宜をはかる）

形 動 **便宜** pián yi （安い／穏便に済ませてやる）

動 形 接 **随便** suí biàn （好きにする／気軽である／～を問わず）

接 **即便** jí biàn （たとえ～としても）

例文

- **随便你。** suí biàn nǐ （好きにしていいよ。）

- **这个很便宜。** zhè ge hěn pián yi （これはとても安い。）

- **我今天吃了方便面。** wǒ jīn tiān chī le fāngbiànmiàn （今日インスタントラーメンを食べた。）

- **便利店实在太方便了。** biàn lì diàn shí zài tài fāngbiàn le （コンビニは本当に便利だ。）

426

tuán

团

日本漢字 団　　**繁体字** 團

単語／表現

動 **团结** tuán jié （団結する、結束する）

名 **团体** tuán tǐ （団体）

名 **集团** jí tuán （集団、グループ）

動 **团聚** tuán jù （集まる、団欒する、団結する）

例文

- **团购很优惠。** tuán gòu hěn yōu huì （共同購入はとてもお得だ。）

- **我们一定要团结。** wǒ men yí dìng yào tuán jié （私たちは団結しなければいけない。）

- **团体赛很有意思。** tuán tǐ sài hěn yǒu yì si （団体戦はすごく面白い。）

- **一家人终于团聚了。** yì jiā rén zhōng yú tuán jù le （ようやく一家全員集まった。）

427 wǎng

往

日本漢字 往　繁体字 往

🔊 Track **444**

単語／表現

名 **往事** wǎng shì （過ぎ去った出来事、昔のこと）

動 **向往** xiàngwǎng （あこがれる、思いをはせる）

動 **往返** wǎng fǎn （往復する、行ったり来たりする）

動 **来往** lái wǎng （行き来する、交際する）

例文

・ **我们没有来往了。** wǒ men méi yǒu lái wǎng le （私たちは付き合いがなくなった。）

・ **往事就不提了。** wǎng shì jiù bù tí le （過ぎたことはもう持ち出さないでおく。）

・ **我要买往返票。** wǒ yào mǎi wǎng fǎn piào （往復チケットを買いたい。）

・ **一直往前走就到了。** yì zhí wǎng qián zǒu jiù dào le （ずっと前に進めば着くよ。）

428 suān

酸

日本漢字 酸　繁体字 酸、痠

🔊 Track **445**

単語／表現

形 **心酸** xīn suān （悲しい、悲しみが込み上げる）

名 **碳酸** tàn suān （炭酸）

形 **酸痛** suān tòng （(体が) だるくて痛い）

表 **酸甜苦辣** suān tián kǔ là （あらゆる味、さまざまな経験）

例文

・ **柠檬太酸了。** níngméng tài suān le （レモンは酸っぱすぎる。）

・ **我喜欢喝碳酸饮料。** wǒ xǐ huan hē tàn suān yǐn liào （私は炭酸飲料が好きだ。）

・ **我的肌肉有点酸痛。** wǒ de jī ròu yǒu diǎn suān tòng （筋肉がちょっとだるい。）

・ **他尝尽了酸甜苦辣。** tā cháng jìn le suān tián kǔ là （彼は酸いも甘いも知り尽くしている。）

429

lì

历

日本漢字 歷 **繁体字** 歷、曆 🔊 Track **446**

単語／表現

- 名 **历史** lì shǐ （歴史）
- 名 **经历** jīng lì （経歴）
- 名 **来历** lái lì （来歴）
- 名 **农历** nóng lì （旧暦）

例文

- 他经历了很多。 tā jīng lì le hěn duō （彼は多くを経験した。）
- 我们见证了历史。 wǒ men jiàn zhèng le lì shǐ （私たちは歴史の証人となった。）
- 该换新的日历了。 gāi huàn xīn de rì lì le （カレンダーを新しくする頃合いだ。）
- 学历不是最重要的。 xué lì bú shì zuì zhòng yào de （最も重要なものは学歴ではない。）

430

shì

市

日本漢字 市 **繁体字** 市 🔊 Track **447**

単語／表現

- 名 **市场** shì chǎng （市場、マーケット、（経済）市場）
- 名 **城市** chéng shì （都市）
- 名 **市区** shì qū （市区、市街区）

例文

- 市中心很热闹。 shì zhōng xīn hěn rè nao （市街地はとても賑わっている。）
- 我要去市场买菜。 wǒ yào qù shì chǎng mǎi cài （市場に買い物に行く予定だ。）
- 超市里有很多人。 chāo shì li yǒu hěn duō rén （スーパーにはたくさんの人がいる。）
- 东京是一个大城市。 dōng jīng shì yí ge dà chéng shì （東京は大都市だ。）

431 kè

克

| 日本漢字 | 克 | 繁体字 | 克 |

🔊 Track 448

単語／表現

- 動 **克服** kè fú （克服する、打ち勝つ）
- 名 **坦克** tǎn kè （戦車、タンク）
- 名 **扑克** pū kè （トランプ、ポーカー）
- 名 **巧克力** qiǎo kè lì （チョコレート）

例文

- **放十克糖。** fàng shí kè táng （砂糖を10g入れる。）
- **我克服了困难。** wǒ kè fú le kùn nan （私は困難を克服した。）
- **我喜欢吃黑巧克力。** wǒ xǐ huan chī hēi qiǎo kè lì （私はダークチョコレートが好きだ。）
- **我们打一会儿扑克吧。** wǒ men dǎ yí huìr pù kè ba （ちょっとトランプをしよう。）

432 hé hè hē

何

| 日本漢字 | 何 | 繁体字 | 何 |

🔊 Track 449

単語／表現

- 副 **为何** wèi hé （なぜ、どうして）
- 代 **如何** rú hé （どうですか、どのように）
- 接 **何况** hé kuàng （まして～はなおさらだ、それに）

例文

- **何时出发?** hé shí chū fā （いつ出発する?）
- **何不试试看?** hé bù shì shi kàn （試してみればいいじゃないか。）
- **你为何而来?** nǐ wèi hé ér lái （あなたは何のために来たの?）
- **何不尝试一个别的方案?** hé bù cháng shì yí ge bié de fāng àn （別のプランを試してみたら?）

433

chú

除

日本漢字 **除**　繁体字 **除**

Track 450

単語／表現

前 **除了** chú le （～を除いて、～以外）

動 **消除** xiāo chú （なくす、除去する）

動 **开除** kāi chú （除名する、除籍する）

名 **除夕** chú xī （（旧暦の）大晦日）

例文

- **我被开除了。** wǒ bèi kāi chú le （私はクビになった。）

- **除了你，没人知道。** chú le nǐ méi rén zhī dào （あなた以外誰も知らない。）

- **我清除了电脑病毒。** wǒ qīng chú le diàn nǎo bìng dú （パソコンのウィルスを取り除いた。）

- **年底我要大扫除** nián dǐ wǒ yào dà sǎo chú （年末に大掃除をする予定だ。）

434

xiāo

消

日本漢字 **消**　繁体字 **消**

Track 451

単語／表現

名 **消息** xiāo xi （情報、ニュース、便り、知らせ）

動 **消失** xiāo shī （消失する）

動 **消灭** xiāo miè （消滅させる、滅ぼす、滅びる）

例文

- **等你好消息。** děng nǐ hǎo xiāo xi （良い知らせを待ってるね。）

- **消防车赶到了。** xiāo fáng chē gǎn dào le （消防車が駆けつけた。）

- **这个运动很消耗体力。** zhè ge yùn dòng hěn xiāo hào tǐ lì （この運動はすごく体力を消耗する。）

- **我劝你趁早打消这个念头。** wǒ quàn nǐ chèn zǎo dǎ xiāo zhè ge niàn tou （その考えは早いところ捨てることをおすすめする。）

435 gòu

构

日本漢字 構　繁体字 構

🔊 Track 452

単語／表現

名 動 **构造** gòu zào （構造、構成／建造する）

動 **构思** gòu sī （構想する）

動 名 **虚构** xū gòu （想像で作り上げる／フィクション）

名 **结构** jié gòu （構成、仕組み）

例文

- **结构太复杂了。** jié gòu tài fù zá le （構成が複雑すぎる。）

- **我在构思一个新项目。** wǒ zài gòu sī yí ge xīn xiàng mù （私は新しいプロジェクトを構想している。）

- **这个建筑的构造很独特。** zhè ge jiàn zhù de gòu zào hěn dú tè （この建築物の構造は独特だ。）

- **这个故事的构思很新颖。** zhè ge gù shi de gòu sī hěn xīn yǐng （この物語の構想はとてもユニークだ。）

436 fǔ

府

日本漢字 府　繁体字 府

🔊 Track 453

単語／表現

名 **官府** guān fǔ （官庁、役所）

名 **学府** xué fǔ （学府、高等教育を行う学校）

名 **政府** zhèng fǔ （政府、行政機関）

例文

- **市政府大楼在这里。** shì zhèng fǔ dà lóu zài zhè li （市役所のビルはここだ。）

- **这是一座百年学府。** zhè shì yí zuò bǎi nián xué fǔ （ここは100年の歴史を持つ学府だ。）

- **政府发表了新政策。** zhèng fǔ fā biǎo le xīn zhèng cè （政府が新しい政策を発表した。）

- **这是古代的官府。** zhè shì gǔ dài de guān fǔ （これは古代の役所だ。）

chēng chèn chèng

称

日本漢字 称　**繁体字** 稱

🔊 Track
454

単語／表現

名 **名称** míngchēng （名称）

動名 **称呼** chēng hu （呼ぶ／呼び方、呼び名）

形 **匀称** yún chèn （均等である、そろっている）

例文

- **怎么称呼你？** zěn me chēng hu nǐ （何とお呼びすればいいですか？）

- **我每天都称体重。** wǒ měi tiān dōu chēng tǐ zhòng （私は毎日体重を計る。）

- **这个美景值得称赞。** zhè ge měi jǐng zhí de chēng zàn （この絶景は称賛に値する。）

- **这是一个很荣誉的称号。** zhè shì yí ge hěn róng yù de chēng hào （これはとても栄誉ある称号だ。）

tài

太

日本漢字 太　**繁体字** 太

🔊 Track
455

単語／表現

名 **太阳** tài yáng （太陽、日光、日の光）

名 **太空** tài kōng （太空、宇宙、大気圏外）

名 **太太** tài tai （奥さん、家内）

例文

- **太好了！** tài hǎo le （よかった！）

- **别太担心。** bié tài dān xīn （心配しすぎないで。）

- **我还不太饿。** wǒ hái bú tài è （まだそんなにお腹空いてない。）

- **这简直太离谱了。** zhè jiǎn zhí tài lí pǔ le （これはまったくありえないことだ。）

439 zhǔn

准

日本漢字 準　繁体字 準

単語／表現

名 形 **标准** biāozhǔn （標準／標準的である）

形 **准确** zhǔn què （確かである、正確である）

動 **准许** zhǔn xǔ （許可する、同意する）

形 **准时** zhǔn shí （時間通りである）

例文

- **不准迟到。** bù zhǔn chí dào （遅刻しないこと。）

- **准备好了吗?** zhǔn bèi hǎo le ma （準備はいい?）

- **他预料的很准。** tā yù liào de hěn zhǔn （彼の予測はとても正確だ。）

- **飞机很准点。** fēi jī hěn zhǔn diǎn （飛行機は時間通りだ。）

440 jīng

精

日本漢字 精　繁体字 精

単語／表現

形 **精彩** jīng cǎi （生き生きしている、精彩を放っている）

名 **精英** jīng yīng （精華、卓越した人物、エリート）

名 **酒精** jiǔ jīng （アルコール）

動 **精通** jīng tōng （精通する）

例文

- **太精彩了!** tài jīng cǎi le （本当にすばらしい!）

- **他做事很精细。** tā zuò shì hěn jīng xì （彼は何をするにもとても細かい。）

- **我对酒精过敏。** wǒ duì jiǔ jīng guò mǐn （私はアルコールアレルギーだ。）

- **她已经精疲力尽了。** tā yǐ jīng jīng pí lì jìn le （彼女はもう精根尽き果てている。）

…… 前に、よく使う四字熟語を10個覚えたけど、
まだまだあるよね？

まぁ無限にあるよね(笑) ……

 …… 日常使いしやすいものをもう少し覚えたい！

じゃあ、例文と一緒にあと10個覚えてみよう。 ……

🔊 Track **458**

四字熟語	例文
前因后果	**告诉我事情的前因后果。**
qián yīn hòu guǒ	gào su wǒ shì qíng de qián yīn hòu guǒ
原因と結果	事の一部始終を教えて。
没完没了	**你怎么没完没了啊！**
méi wán méi liǎo	nǐ zěn me méi wán méi liǎo a
キリがない	もうしつこい！
丢三落四	**我想改掉丢三落四的坏习惯。**
diū sān là sì	wǒ xiǎng gǎi diào diū sān là sì de huài xí guàn
よく物忘れをする	忘れ物ばかりする悪い習慣を治したい。
言而有信	**爸爸向来言而有信。**
yán ér yǒu xìn	bà ba xiàng lái yán ér yǒu xìn
有言実行	お父さんは昔からずっと有言実行だ。

成家立业	我的朋友都成家立业了。
chéng jiā lì yè	wǒ de péng you dōu chéng jiā lì yè le
結婚して経済的に独立する	私の友達はみんな所帯を持った。
难以置信	真是太令人难以置信了。
nán yǐ zhì xìn	zhēn shì tài lìng rén nán yǐ zhì xìn le
信じがたい	本当に信じられない。
一模一样	他们俩长得一模一样。
yì mú yí yàng	tā men liǎ zhǎng de yī mú yí yàng
よく似ている、瓜二つ	彼らは顔が瓜二つだ。
念念不忘	我对那家餐厅的小笼包一直念念不忘。
niàn niàn bú wàng	wǒ duì nà jiā cān tīng de xiǎo lóng bāo yī zhí niàn niàn bú wàng
片時も忘れられない	あのレストランの小籠包がずっと忘れられない。
没精打采	你今天看上去怎么没精打采的？
méi jīng dǎ cǎi	nǐ jīn tiān kàn shang qu zěn me méi jīng dǎ cǎi de
意気消沈する	今日はどうしてそんなに元気がないの？
毫不犹豫	我毫不犹豫地答应了他的请求。
háo bù yóu yù	wǒ háo bù yóu yù de dā yìng le tā de qǐng qiú
少しも躊躇しない	私はなんのためらいもなく彼の願いに応じた。

441

zhí

値

| 日本漢字 | 値 | 繁体字 | 値 |

単語／表現

動 **值得** zhí de （値段に見合う、〜する値打ちがある）

動 **增值** zēng zhí （価値が上がる、値上がりする）

名 **价值** jià zhí （価値、値打ち、意味）

例文

- 我今天值班。 wǒ jīn tiān zhí bān （私は今日当直だ。）

- 这个很值钱。 zhè ge hěn zhí qián （これはとても高価だ。）

- 这件事情很有价值。 zhè jiàn shì qing hěn yǒu jià zhí （これはとても価値のあることだ。）

- 他的行为值得赞扬。 tā de xíng wéi zhí de zàn yáng （彼の行動は賞賛に値する。）

442

hào háo

号

| 日本漢字 | 号 | 繁体字 | 號 |

単語／表現

名 **号码** hào mǎ （番号、ナンバー）

名 **问号** wèn hào （疑問符（=?）、疑問）

動 名 **号令** hào lìng （号令する／号令）

例文

- 今天是几号来着？ jīn tiān shì jǐ hào lái zhe （今日って何日だっけ?）

- 这是我的手机号。 zhè shì wǒ de shǒu jī hào （これは私の携帯番号だ。）

- 这是一个暗号。 zhè shì yí ge àn hào （これは暗号だ。）

- 我注册了一个新账号。 wǒ zhù cè le yí ge xīn zhàng hào （私は新しいアカウントを登録した。）

lǜ shuài

日本漢字 率　繁体字 率

■)) Track 461

単語／表現

名 **概率** gài lǜ（確率）

名 **频率** pín lǜ（頻度、周波数）

形 **坦率** tǎn shuài（率直である）

動 **率领** shuài lǐng（率いる、統率する）

例文

- **成功率是多少?** chénggōng lǜ shì duōshao（成功率はどれくらい?）

- **我们需要提高效率。** wǒ men xū yào tí gāo xiào lǜ（効率を良くする必要がある。）

- **不要草率行事。** bú yào cǎo shuàixíng shì（いいかげんな行いをしてはいけない。）

- **他保持着坦率的态度。** tā bǎo chí zhe tǎn shuài de tài du（彼は率直な態度を保っている。）

---

zú

族

■)) Track 462

日本漢字 族　繁体字 族

単語／表現

名 **家族** jiā zú（一族）

名 **民族** mín zú（民族）

例文

- **家族成员很多。** jiā zú chéngyuán hěn duō（一族のメンバーが多い。）

- **他是少数民族。** tā shì shǎoshù mín zú（彼は少数民族だ。）

- **我是上班族。** wǒ shì shàngbān zú（私はサラリーマンだ。）

- **我对家族史很感兴趣。** wǒ duì jiā zú shǐ hěn gǎn xìng qù（私は家族史に興味がある。）

445

wéi

维

日本漢字 維　繁体字 維

単語／表現

動 **维持** wéi chí （維持する、保つ、保護する）

動 **维护** wéi hù （守る、保つ、擁護する）

名 動 **思维** sī wéi （思考／考える、思考する）

例文

- **维护公共秩序。** wéi hù gōnggòng zhì xù （公共の秩序を守る。）

- **读书使人思维活跃。** dú shū shǐ rén sī wéi huó yuè （読書は人の思考を活発にさせる。）

- **维持现状就好。** wéi chí xiànzhuàng jiù hǎo （現状を維持すればいい。）

- **我们应该多补充维他命。** wǒ menyīng gāi duō bǔ chōngwéi tā mìng （私たちはビタミンを多く補給するべきだ。）

446

huá huà huai

划

日本漢字 画　繁体字 劃、划

単語／表現

名 動 **计划** jì huà （計画／計画する）

動 **企划** qǐ huà （企画する）

形 動 **划算** huá suàn （割りに合う／思案する）

動 **划船** huá chuán （ボートを漕ぐ）

例文

- **我已经计划好了。** wǒ yǐ jīng jì huà hǎo le （すでに計画できている。）

- **这个交易很划算。** zhè ge jiāo yì hěn huá suàn （この取引は割に合う。）

- **我们先划定工作范围。** wǒ menxiān huà dìnggōng zuò fàn wéi （先に仕事の範囲を確定しよう。）

- **划船很考验体力。** huá chuán hěn kǎo yàn tǐ lì （ボートを漕ぐのは体力をためされる。）

447

xuǎn

选

日本漢字 選　　**繁体字** 選

🔊 Track **465**

単語／表現

動 **选择** xuǎn zé （選択する、選ぶ）

名 **选手** xuǎnshǒu （選手）

動 **筛选** shāixuǎn （ふるいにかけて選別する）

動 **挑选** tiāoxuǎn （選択する、選抜する）

例文

- **你来选吧。** nǐ lái xuǎn ba （あなたが選んで。）

- **看来我们选对人了。** kàn lai wǒ menxuǎn duì rén le （私たちの人選は合っていたようだ。）

- **我有选择困难症。** wǒ yǒuxuǎn zé kùn nán zhèng （私は優柔不断で決めるのが苦手だ。）

- **选一个你最喜欢的颜色。** xuǎn yí ge nǐ zuì xǐ huan de yán sè （一番好きな色を1つ選んで。）

448

biāo

标

日本漢字 標　　**繁体字** 標

🔊 Track **466**

単語／表現

名 **标题** biāo tí （見出し、標題）

名 **目标** mù biāo （目標、ねらい、目印）

名 形 **标准** biāozhǔn （標準／標準的である）

名 **标签** biāoqiān （付箋、ラベル、レッテル）

例文

- **这是标准答案。** zhè shì biāozhǔn dá àn （これは模範解答です。）

- **我终于达到了目标。** wǒ zhōng yú dá dào le mù biāo （ついに目標を達成した。）

- **这个标题很吸引人。** zhè ge biāo tí hěn xī yǐn rén （このテーマは人を引きつける。）

- **他留下了一个标记。** tā liú xià le yí ge biāo jì （彼はしるしを1つ残した。）

275

449

xiě

写

日本漢字 写　繁体字 寫

◀)) Track 467

単語／表現

xiě zì
動 **写字**（字を書く）

xiě xìn
動 **写信**（手紙を書く）

tīng xiě
動 **听写**（書き取りをする、ディクテーション）

dà xiě
名 **大写**（ローマ字の大文字、漢数字の画数の多い書き方）

例文

wǒ zài xiě bào gào
• **我在写报告。**（私はレポートを書いている。）

zuò yè yǒu méi you xiě hǎo
• **作业有没有写好?**（宿題は終わった？）

xiě rì jì shì yí ge hǎo xí guàn
• **写日记是一个好习惯。**（日記をつけるのは良い習慣だ。）

nǐ de zì xiě de hěn piàoliang
• **你的字写得很漂亮。**（あなたの字はとてもキレイだ。）

450

cún

存

日本漢字 存　繁体字 存

◀)) Track 468

単語／表現

bǎo cún
動 **保存**（保存する、維持する）

shēng cún
動 **生存**（生存する、生きていく）

chǔ cún
動 **储存**（貯蔵する、貯蓄する、預ける）

例文

zī liào bǎo cún hǎo le
• **资料保存好了。**（資料は保存できた。）

xíng li jì cún zài jiǔ diàn le
• **行李寄存在酒店了。**（荷物はホテルに預けてある。）

hái cún zài yí ge wèn tí
• **还存在一个问题。**（もう1つ問題がある。）

wǒ zhèng zài nǔ lì cún qián
• **我正在努力存钱。**（私は頑張ってお金を貯めているところだ。）

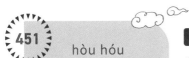

451

hòu hóu

候

日本漢字 候　繁体字 候

🔊 Track 469

単語／表現

動 **等候** děng hòu （待つ）

名 **时候** shí hou （時刻、時、時間）

動 **问候** wèn hòu （あいさつする）

名 **气候** qì hòu （気候、情勢、動向）

例文

- **日本的气候很好。** rì běn de qì hòu hěn hǎo （日本の気候はとても良い。）
- **什么时候出门?** shén me shí hou chū mén （いつ家を出発する?）
- **我在候车室。** wǒ zài hòu chē shì （私は待合室にいる。）
- **候选人是谁?** hòu xuǎn rén shì shéi （立候補者は誰ですか?）

452

máo

毛

日本漢字 毛　繁体字 毛

🔊 Track 470

単語／表現

名 **毛衣** máo yī （セーター）

名 **毛巾** máo jīn （タオル）

名 **毛毛虫** máomaochóng （毛虫）

例文

- **忘带毛巾了。** wàng dài máo jīn le （タオルを持ってくるのを忘れた。）
- **你的眼睫毛真长。** nǐ de yǎn jié máozhēncháng （まつ毛が本当に長いね。）
- **猫掉毛掉得厉害。** māodiàomáodiào de lì hai （猫は抜け毛が激しい。）
- **这件毛衣是新买的吗?** zhè jiàn máo yī shì xīn mǎi de ma （このセーターは新しく買ったもの?）

453

qīn qìng

亲

| 日本漢字 | 親 | 繁体字 | 親 |

◀) Track 471

単語／表現

名 **亲人** qīn rén （身内、肉親、親しい人）

副 **亲自** qīn zì （自分で、自ら）

形 **亲切** qīn qiè （親しい、心がこもっている）

名 **亲家** qìng jia （配偶者双方の父母）

例文

- **你亲自看看。** nǐ qīn zì kàn kan （自分の目で見てみて。）
- **这是他的亲笔签名。** zhè shì tā de qīn bǐ qiānmíng （これは彼の直筆サインだ。）
- **他是我的亲戚。** tā shì wǒ de qīn qi （彼は私の親戚だ。）
- **他们的关系很亲密。** tā men de guān xi hěn qīn mì （彼らの関係はとても親密だ。）

454

kuài

快

| 日本漢字 | 快 | 繁体字 | 快 |

◀) Track 472

単語／表現

形 **快乐** kuài lè （愉快である、楽しい）

形 **痛快** tòngkuài （痛快である、思いきり、率直である）

形 **轻快** qīngkuài （軽快である、すばやい、軽やかである）

例文

- **快跑！** kuài pǎo （はやく逃げて!）
- **我快到了。** wǒ kuài dào le （もうすぐ着くよ。）
- **快点，来不及了！** kuàidiǎn lái bu jí le （はやく、間に合わないよ!）
- **祝你生日快乐。** zhù nǐ shēng rì kuài lè （誕生日おめでとう。）

455

xiào

効

日本漢字 劾　繁体字 効

◀)) Track 473

単語／表現

名 xiào guǒ **效果** （効果、結果、出来栄え）

名 xiào lù **效率** （効率、能率）

名 xiào yìng **效应** （効果、反応）

例文

- xiào guǒ fēi cháng hǎo
  效果非常好。 （効果バツグンだ。）

- xiào lù tí gāo le
  效率提高了。 （効率が良くなった。）

- wǒ men yào yǒu xiào lì yòng zī yuán
  我们要有效利用资源。 （私たちは資源を有効に利用すべきだ。）

- zhè ge yào de yào xiào hěn kuài
  这个药的药效很快。 （この薬は効くのがとても早い。）

456

sī

斯

日本漢字 斯　繁体字 斯

◀)) Track 474

単語／表現

形 sī wen **斯文** （優雅である、上品である）

名 wǎ sī **瓦斯** （ガス）

例文

- tā hěn sī wen
  他很斯文。 （彼はとても上品だ。）

- wǒ chū chāi qù mò sī kē
  我出差去莫斯科。 （私は出張でモスクワに行く。）

- wǒ hěn chóng bài ài yīn sī tǎn
  我很崇拜爱因斯坦。 （私はアインシュタインを崇拝している。）

457

yuàn

院

日本漢字 院 　繁体字 院

単語／表現

名 医院 yī yuàn （病院）

名 院子 yuàn zi （中庭）

名 寺院 sì yuàn （寺院）

例文

- 我在医院上班。 wǒ zài yī yuàn shàng bān （私は病院に勤務している。）

- 电影院很空。 diàn yǐng yuàn hěn kōng （映画館が空いている。）

- 他家的院子很大。 tā jiā de yuàn zi hěn dà （彼の家の庭はとても大きい。）

- 我在等法院的判决。 wǒ zài děng fǎ yuàn de pàn jué （私は裁判所の判決を待っている。）

458

chá zhā

查

日本漢字 査 　繁体字 査

単語／表現

動 检查 jiǎn chá （検査する、点検する、調査する）

動 查办 chá bàn （調査して処罰する）

動 查询 chá xún （聞く、問いただす、尋問する）

例文

- 我查一查。 wǒ chá yi chá （ちょっと調べてみるね。）

- 我在查资料。 wǒ zài chá zī liào （資料を調べている。）

- 警察在查案。 jǐng chá zài chá àn （警察が事件を調べている。）

- 我们必须查明事实。 wǒ men bì xū chá míng shì shí （私たちは必ず事実を明らかにしなければいけない。）

459 jiāng

江

日本漢字 江 　繁体字 江

🔊 Track 477

単語／表現

名 **江山** jiāngshān （山河）

名 **江湖** jiāng hú （世の中、国内の各地）

名 **长江** chángjiāng （長江）

例文

- 我家住在江边。 wǒ jiā zhù zài jiāngbiān （私の家は川沿いにある。）

- 江里不允许游泳。 jiāng li bù yǔn xǔ yóu yǒng （川で泳ぐのは禁止されている。）

- 你去过浙江省吗？ nǐ qù guo zhè jiāngshěng ma （浙江省に行ったことはある?）

- 长江是中国最长的河。 chángjiāng shì zhōngguó zuì cháng de hé （長江は中国最長の川だ。）

460 xíng

型

日本漢字 型 　繁体字 型

🔊 Track 478

単語／表現

名 **类型** lèi xíng （タイプ、類型、種類）

名 形 **典型** diǎnxíng （典型、モデル／典型的である）

名 **发型** fà xíng （髪型）

名 **血型** xuè xíng （血液型）

例文

- 你是什么血型的？ nǐ shì shén me xuè xíng de （あなたの血液型は?）

- 我换了一个新发型。 wǒ huàn le yí ge xīn fà xíng （新しい髪型に変えた。）

- 他是个典型的北京人。 tā shì ge diǎnxíng de běi jīng rén （彼は典型的な北京人だ。）

- 每个人的性格类型都不一样。 měi ge rén de xìng gé lèi xíngdōu bù yí yàng （人それぞれ性格のタイプが違う。）

…… 前に出てきた形に共通点がある漢字をもう10個まとめたよ。

こうやって見ると結構多いね！ ……

 …… 自分で何個思いつくか、クイズ感覚で考えるのも面白いよ。

発音も口に出しながら覚えるのが大事！ ……

◀) Track **479**

寺	寺院	特	特別	诗	古诗	持	保持	等	平等
sì	sì yuàn	tè	tè bié	shī	gǔ shī	chí	bǎo chí	děng	píng děng
	寺院		特別である		古い詩歌		保持する		平等である

月	月亮	朋	朋友	明	明天	肯	肯定	肩	肩膀
yuè	yuè liang	péng	péng you	míng	míng tiān	kěn	kěn dìng	jiān	jiān bǎng
	月		友達		明日		肯定する、必ず		肩

中	中间	种	种类	冲	冲动	钟	闹钟	忠	忠诚
zhōng	zhōng jiān	zhǒng	zhǒng lèi	chōng	chōng dòng	zhōng	nào zhōng	zhōng	zhōng chéng
	真ん中、間		種類		興奮する、衝動		目覚まし時計		忠実である

子	子女	好	你好	字	写字	学	学习	季	季节
zǐ	zǐ nǚ	hǎo	nǐ hǎo	zì	xiě zì	xué	xué xí	jì	jì jié
	子女、子ども		こんにちは		字を書く		勉強する		季節

包	书包	跑	跑步	抱	抱歉	泡	泡澡	饱	饱满
bāo	shū bāo	pǎo	pǎo bù	bào	bào qiàn	pào	pào zǎo	bǎo	bǎo mǎn
	(学生の)かばん		駆け足をする		申し訳なく思う		風呂に浸かる		満ち満ちている

不	不断	坏	坏人	杯	杯子	怀	怀疑	还	还是
bù	bú duàn	huài	huài rén	bēi	bēi zi	huái	huái yí	hái	hái shi
	絶えず		悪人、悪者		コップ		疑う、推測する		やはり、それとも

寸	分寸	时	时间	对	对比	讨	讨厌	过	过去
cùn	fēn cun	shí	shí jiān	duì	duì bǐ	tǎo	tǎo yàn	guò	guò qù
	程合い		時間		対比する		嫌だ、嫌う		過去、以前

丁	布丁	打	打算	订	订阅	灯	灯光	顶	屋顶
dīng	bù dīng	dǎ	dǎ suan	dìng	dìng yuè	dēng	dēng guāng	dǐng	wū dǐng
	プリン		～するつもりだ		予約購読する		明るさ		屋根、屋上

各	各自	路	走路	格	格子	胳	胳膊	客	客人
gè	gè zì	lù	zǒu lù	gé	gé zi	gē	gē bo	kè	kè ren
	各自、各々		歩く		罫、チェック柄		腕		客、お客さん

合	合格	答	答案	拿	拿手	给	送给	哈	哈哈哈
hé	hé gé	dá	dá àn	ná	ná shǒu	gěi	sòng gěi	hā	hā hā hā
	合格している		答案、解答		得意である		～に贈る		ハハハ(笑い声)

461

yǎn

眼

日本漢字 眼　繁体字 眼

🔊 Track 480

単語／表現

名 **眼睛** yǎn jing （目、視力）

名 **眼镜** yǎn jìng （メガネ）

名 **眼泪** yǎn lèi （涙）

動 **眨眼** zhǎ yǎn （まばたきをする）

例文

- **我的眼镜不见了。** wǒ de yǎn jìng bú jiàn le （私のメガネがなくなった。）

- **你的眼光真好。** nǐ de yǎn guāng zhēn hǎo （あなたは本当に見る目がある。）

- **眼看就要夏天了。** yǎn kàn jiù yào xià tiān le （夏はもう目前だ。）

- **先把眼前的事办好。** xiān bǎ yǎn qián de shì bàn hǎo （まずは目の前のことをちゃんとやろう。）

462

wáng wàng

王

日本漢字 王　繁体字 王

🔊 Track 481

単語／表現

名 **王子** wáng zǐ （王子）

名 **王国** wáng guó （王国）

名 **王牌** wáng pái （切り札、奥の手）

例文

- **王老师好。** wáng lǎo shī hǎo （王先生、こんにちは。）

- **老虎是森林之王。** lǎo hǔ shì sēn lín zhī wáng （虎は森の王だ。）

- **他是我们队的王牌。** tā shì wǒ men duì de wáng pái （彼はうちのチームの切り札だ。）

- **我在等我的白马王子。** wǒ zài děng wǒ de bái mǎ wáng zǐ （私は白馬の王子様を待っている。）

463

àn

按

日本漢字 按　繁体字 按

🔊 Track 482

単語／表現

副 **按时** àn shí （時間通りに）

前 **按照** àn zhào （〜に照らして、〜の通りに）

名 **按摩** àn mó （マッサージ）

例文

- **按计划进行。** àn jì huà jìn xíng （計画通りに進める。）

- **我每天按时上班。** wǒ měi tiān àn shí shàng bān （私は毎日時間通りに出勤している。）

- **电梯的按钮坏了。** diàn tī de àn niǔ huài le （エレベーターのボタンが壊れた。）

- **我每周都去按摩。** wǒ měi zhōu dōu qù àn mó （私は毎週マッサージに行っている。）

464

gé gē

格

日本漢字 格　繁体字 格

🔊 Track 483

単語／表現

名 **格子** gé zi （格子、チェック）

名 **价格** jià gé （価格、値段）

副 **格外** gé wài （特に、ことのほか）

名 **风格** fēng gé （風格、気品、スタイル）

例文

- **今天要格外小心啊。** jīn tiān yào gé wài xiǎo xīn a （今日は特に気をつけてね。）

- **我问问价格。** wǒ wènwen jià gé （値段を聞いてみるね。）

- **他们的性格很合得来。** tā men de xìng gé hěn hé de lái （彼らは性格がとても合う。）

- **我很喜欢他的写作风格。** wǒ hěn xǐ huan tā de xiě zuò fēng gé （私は彼の創作スタイルが好きだ。）

465

yǎng

养

日本漢字 養　繁体字 養

🔊 Track 484

単語／表現

名 **修养** xiū yǎng（教養、素養、修養、修練）

動 名 **教养** jiào yǎng（教育する／教養）

動 **培养** péi yǎng（育成する、養成する、培養する）

名 動 **营养** yíngyǎng（栄養／栄養をつける）

例文

- 我养了一只狗。 wǒ yǎng le yì zhī gǒu（私は犬を1匹飼っている。）

- 养花需要耐心。 yǎng huā xū yào nài xīn（花を育てるには根気強さが必要だ。）

- 蔬菜的营养很丰富。 shū cài de yíngyǎng hěn fēng fù（野菜は栄養豊富だ。）

- 他养成了早睡早起的好习惯。 tā yǎngchéng le zǎo shuì zǎo qǐ de hǎo xí guàn（彼は早寝早起きという良い習慣を身につけた。）

466

yì

易

日本漢字 易　繁体字 易

🔊 Track 485

単語／表現

形 動 **容易** róng yì（容易である／〜しやすい）

名 **交易** jiāo yì（交易、取引）

形 **简易** jiǎn yì（手軽である、簡単である）

形 副 **轻易** qīng yì（容易である／軽々しく）

例文

- 他也不容易。 tā yě bù róng yì（彼も大変だね。（容易いことではない））

- 这个简单易懂。 zhè ge jiǎn dān yì dǒng（これは簡単でわかりやすい。）

- 他很容易上当。 tā hěn róng yì shàngdàng（彼は騙されやすい。）

- 这笔交易很成功。 zhè bǐ jiāo yì hěn chénggōng（この取引は成功した。）

467 zhì

日本漢字 置　繁体字 置

◀) Track 486

単語／表現

動 **布置** bù zhì （装飾する、しつらえる、手配する）

動 **置信** zhì xìn （信用する、信を置く）

動 **添置** tiān zhì （買い入れる、増やす）

例文

- **太难以置信了。** tài nán yǐ zhì xìn le （本当に信じられない。）

- **房间布置得很漂亮。** fáng jiān bù zhì de hěn piàoliang （部屋はキレイに飾り付けされている。）

- **我想添置一些新家具。** wǒ xiǎng tiān zhì yì xiē xīn jiā jù （新しい家具をいくつか増やしたい。）

468 pài

日本漢字 派　繁体字 派

◀) Track 487

単語／表現

名 形 **气派** qì pài （風格、気概／貫禄がある）

名 **派对** pài duì （パーティー）

名 **帮派** bāng pài （派閥、分派）

例文

- **我派人去接你。** wǒ pài rén qù jiē nǐ （誰かに君を迎えに行ってもらうようにするよ。）

- **我被派去出差了。** wǒ bèi pài qù chū chāi le （私は出張に行くよう命じられた。）

- **学校派了新老师。** xué xiào pài le xīn lǎo shī （学校が新しい先生を派遣した。）

- **我参加了他的生日派对。** wǒ cān jiā le tā de shēng rì pài duì （彼の誕生日パーティーに参加した。）

céng

层

日本漢字 層　繁体字 層

単語／表現

céng cì
名 **层次**（段階、区切り、レベル、層）

lóu céng
名 **楼层**（各階、フロア）

shàngcéng
名 **上层**（上層）

例文

dàn gāo shàng yǒu yì céng nǎi yóu
- **蛋糕上有一层奶油。**（ケーキの上には生クリームが一層ある。）

yún céng zhē zhù le tài yang
- **云层遮住了太阳。**（何層もの雲が太陽を遮った。）

zhè ge lóu yí gòng yǒu shí céng
- **这个楼一共有十层。**（このビルは全部で10階まである。）

dì shang jié le céng hòu hòu de bīng
- **地上结了层厚厚的冰。**（地面に分厚い氷ができている。）

piàn piān

片

日本漢字 片　繁体字 片

単語／表現

zhàopiàn
名 **照片**（写真）

yè piàn
名 **叶片**（葉片、葉身）

piànmiàn
形 **片面**（一方的な、一方に偏っている）

例文

pāi zhāng zhàopiàn ba
- **拍张照片吧。**（写真でも撮ろうよ。）

zhè piàn yè zi hěn piàoliang
- **这片叶子很漂亮。**（この葉っぱはとてもキレイだ。）

zhè jù huà tài piànmiàn le
- **这句话太片面了。**（この言葉は一面的すぎる。）

tā yóu yù le piàn kè jiù zǒu le
- **他犹豫了片刻就走了。**（彼は少しの間迷ってすぐに行ってしまった。）

471

shǐ

日本漢字 始　繁体字 始

🔊 Track **490**

単語／表現

動 名 **开始** kāi shǐ （始まる、開始する／初め）

副 名 **始终** shǐ zhōng （一貫して／終始）

動 **创始** chuàng shǐ （創始する）

形 **原始** yuán shǐ （オリジナルの、原始的な）

例文

- **电影要开始了。** diànyǐng yào kāi shǐ le （映画がもう始まる。）

- **那是一片原始森林。** nà shì yí piànyuán shǐ sēn lín （あの一帯は原始林だ。）

- **做事情要有始有终。** zuò shì qing yào yǒu shǐ yǒu zhōng （何をするにも終始一貫しているべきだ。）

- **这件事情始终是他的错。** zhè jiàn shì qing shǐ zhōng shì tā de cuò （この件は一貫して彼が悪い。）

472

què

日本漢字 却　繁体字 卻

🔊 Track **491**

単語／表現

動 **忘却** wàng què （忘却する、忘れてしまう）

動 **冷却** lěng què （冷却する）

動 **退却** tuì què （退却する、後退する）

例文

- **他想去，却没有时间。** tā xiǎng qù què méi yǒu shí jiān （彼は行きたいが、時間がない。）

- **我们尝试了，却失败了。** wǒ menchǎng shì le què shī bài le （私たちは試したが、失敗した。）

- **替他了却心愿。** tì tā liǎo què xīn yuàn （彼の代わりに願いを果たす。）

- **这是一段不能忘却的记忆。** zhè shì yí duàn bù néngwàng què de jì yì （これは忘れてはならない記憶だ。）

473 zhuān

日本漢字 専　**繁体字** 專　🔊 Track 492

专

単語／表現

名 形 **专业** zhuān yè （専攻（学科）、専門の業務／プロの）

形 副 **专门** zhuānmén （専門の／特に、わざわざ）

形 **专心** zhuān xīn （1つのことに集中している）

名 **专家** zhuān jiā （専門家、エキスパート）

例文

- 他很**专**一。 tā hěn zhuān yī （彼はとても一途だ。）
- 你的**专业**是什么? nǐ de zhuān yè shì shén me （あなたの専攻は何?）
- 他是生物学**专家**。 tā shì shēng wù xué zhuān jiā （彼は生物学の専門家だ。）
- 他是**专程**来看你的。 tā shì zhuānchéng lái kàn nǐ de （彼はわざわざあなたに会いに来た。）

474 zhuàng

日本漢字 状　**繁体字** 狀　🔊 Track 493

状

単語／表現

名 **形状** xíngzhuàng （形状、形）

名 **状态** zhuàng tài （状態、様相、ありさま）

動 **告状** gào zhuàng （訴える、告げ口をする）

名 **状况** zhuàngkuàng （状況、事情）

例文

- 我对现**状**很满意。 wǒ duì xiànzhuàng hěn mǎn yì （私は現状に満足している。）
- 出现了什么症**状**吗? chū xiàn le shén me zhèngzhuàng ma （何か症状が出ましたか?）
- 他有很多奖**状**。 tā yǒu hěn duō jiǎngzhuàng （彼は賞状をたくさん持っている。）
- 他老是告**状**。 tā lǎo shi gào zhuàng （彼はいつも告げ口をする。）

475

yù yō

育

日本漢字 育　**繁体字** 育

🔊 Track
494

単語／表現

名 **体育**（体育、スポーツ）
tǐ yù

名 動 **教育**（教育/教え導く、教育する）
jiào yù

動 **养育**（養育する、育てる）
yǎng yù

例文

- **今天有体育课。**（今日は体育の授業がある。）
jīn tiān yǒu tǐ yù kè

- **他在培育花草。**（彼は草花を育てている。）
tā zài péi yù huā cǎo

- **宝宝发育得很好。**（赤ちゃんはとてもよく育っている。）
bǎo bao fā yù de hěn hǎo

- **教育孩子要有耐心。**（子どもの教育には根気強さがいる。）
jiào yù hái zi yào yǒu nài xīn

476

chǎng ān

厂

日本漢字 厰　**繁体字** 廠

🔊 Track
495

単語／表現

名 **工厂**（工場）
gōngchǎng

名 **厂长**（工場長）
chǎngzhǎng

名 **车厂**（車宿、車両製造所）
chē chǎng

例文

- **我在工厂工作。**（私は工場で働いている。）
wǒ zài gōngchǎnggōng zuò

- **按出厂价销售。**（卸価格で販売する。）
àn chū chǎng jià xiāoshòu

- **厂里有很多机器。**（工場内には機械がたくさんある。）
chǎng li yǒu hěn duō jī qì

- **厂房需要定期维修。**（工場の建物は定期的に補修しなければいけない。）
chǎngfáng xū yào dìng qī wéi xiū

477

jīng

京

日本漢字 京　繁体字 京

🔊 Track **496**

単語／表現

	běi jīng	
名	**北京**	（北京）

	dōng jīng	
名	**东京**	（東京）

	jīng jù	
名	**京剧**	（京劇）

例文

- tā chū shēng zài dōng jīng
  他出生在东京。（彼は東京で生まれた。）

- tā shuō huà dài jīng qiāng
  她说话带京腔。（彼女の話し方は北京なまりだ。）

- jīng jù shì zhōng guó de guó cuì
  京剧是中国的国粹。（京劇は中国の伝統文化だ。）

- tā zài jīng chéng zuò shēng yì
  他在京城做生意。（彼は都で商売をしている。）

478

shí zhì

识

日本漢字 識　繁体字 識

🔊 Track **497**

単語／表現

	cháng shí	
名	**常识**	（常識）

	shí bié	
動	**识别**	（識別する、見分ける）

	shí zì	
動	**识字**	（字が読める、字を覚える）

	rèn shi	
動	**认识**	（見知る、知っている、認識する）

例文

- wǒ rèn shi tā
  我认识他。（私は彼を知っている。）

- zhè xiē dōu shì jī běn cháng shí
  这些都是基本常识。（これらはすべて基本常識だ。）

- bié gēn tā yì bān jiàn shi
  别跟他一般见识。（大人気なく彼と張り合わないで。）

- nǐ men xiāng shí duō jiǔ le
  你们相识多久了?（あなた達知り合ってどのくらい?）

479

shì kuò

适

日本漢字 適　繁体字 適

🔊 Track 498

単語／表現

形 **合适** hé shì （ちょうど良い、適切である）

形 **舒适** shū shì （心地良い、快適である）

動 **适应** shì yìng （適応する、順応する）

例文

- **我今天身体不适。** wǒ jīn tiān shēn tǐ bú shì （今日は体調が良くない。）
- **这个颜色很适合你。** zhè ge yán sè hěn shì hé nǐ （この色はあなたによく似合う。）
- **你适应新环境了吗?** nǐ shì yìng xīn huán jìng le ma （新しい環境には慣れた?）
- **房间布置得很舒适。** fáng jiān bù zhì de hěn shū shì （部屋はとても快適にしつらえてある。）

480

shǔ zhǔ

属

日本漢字 属　繁体字 屬

🔊 Track 499

単語／表現

名 **金属** jīn shǔ （金属）

動 **归属** guī shǔ （帰属する、属する）

名 **家属** jiā shǔ （家族、妻子）

例文

- **你属什么?** nǐ shǔ shén me （（干支は）何年?）
- **请叫你的家属来。** qǐng jiào nǐ de jiā shǔ lái （ご家族をお呼びください。）
- **这个故事纯属虚构。** zhè ge gù shi chún shǔ xū gòu （この物語はまったくのフィクションである。）
- **这个是金属制的。** zhè ge shì jīn shǔ zhì de （これは金属製だ。）

…… 会話でよく使う、短くて簡単なフレーズをたくさん知りたい！

すぐに日常会話で実践できるからいいよね。 ……

…… 3文字以内でも結構いろいろ言えるものだね。

声に出しながら覚えてみよう！ ……

■》 Track **500**

hǎo de
好的。
いいよ。

wǒ yě shì
我也是。
私も。

méi shì
没事。
大丈夫。

děng yi děng
等一等。
ちょっと待って。

zhī dào le
知道了。
わかった。

wèi shén me
为什么?
なんで?

zěn me le
怎么了?
どうしたの?

bú yào jǐn
不要紧。
大丈夫。

dāng rán le
当然了。
もちろん。

zài lián xi
再联系。
また連絡とろう。

bié zháo jí
别着急。
焦らないで。

zài shuō ba
再说吧。
またにしよう。

gǎi tiān ba
改天吧。
日を改めよう。

nǐ ne
你呢?
あなたは?(そっちは?)

zěn me yàng
怎么样?
どう?

tīng nǐ de
听你的。
あなたが決めて。

yǒu kòng ma
有空吗?
時間ある?

nà hǎo ba
那好吧。
じゃあ、いいよ。

zhēn de ma
真的吗?
本当に?

bú huì ba
不会吧。
まさか。

yuán

圆

日本漢字 円　繁体字 圓

 Track 501

単語／表現

yuánxíng
名 **圆形**（円形、丸い形）

tuányuán
動 形 **团圆**（団らんする／円形の）

bànyuán
名 **半圆**（半円）

例文

jīn tiān de yuè liang hǎo yuán
- 今天的月亮好圆。（今日の月はとても丸い。）

yuánzhōu lǜ shì duō shao
- 圆周率是多少？（円周率はいくつ?）

tā jīn tiān zhōng yú yuánmèng le
- 他今天终于圆梦了。（彼は今夜ついに夢を実現させた。）

měi dāng guò nián yì jiā dōu tuányuán
- 每当过年一家都团圆。（毎年お正月になると一家全員集まる。）

---

bāo

包

日本漢字 包　繁体字 包

 Track 502

単語／表現

bāo wéi
動 **包围**（取り囲む、包囲する）

shū bāo
名 **书包**（(学生の) かばん、ランドセル）

qián bāo
名 **钱包**（財布）

bāo hán
動 **包含**（含む、含まれる）

例文

wàng dài qián bāo le
- 忘带钱包了。（財布を忘れた。）

wǒ xǐ huan chī bāo zi
- 我喜欢吃包子。（私は肉まんが好きだ。）

wǒ men bèi bāo wéi le
- 我们被包围了。（私たちは包囲された。）

zhè ge jià gé bù bāo hán yùn fèi
- 这个价格不包含运费。（この価格は送料を含んでいない。）

483 huǒ

日本漢字 火　繁体字 火

🔊 Track **503**

単語／表現

名 **火车** huǒ chē（汽車、列車）

形 **火热** huǒ rè（火のように熱い、熱烈である）

名 **火山** huǒ shān（火山）

例文

- **烟火很漂亮。** yān huǒ hěn piàoliang（花火がとてもキレイだ。）

- **我的车熄火了。** wǒ de chē xī huǒ le（私の車はエンジンが止まった。）

- **这个产品卖得很火。** zhè ge chǎn pǐn mài de hěn huǒ（この製品はとても売れている。）

- **富士山是一座活火山。** fù shì shān shì yí zuò huó huǒ shān（富士山は活火山だ。）

484 zhù

日本漢字 住　繁体字 住

🔊 Track **504**

単語／表現

動 **居住** jū zhù（居住する、住まう）

動 **记住** jì zhù（しっかり記憶して忘れない）

動 **住宿** zhù sù（泊まる、寝泊まりをする）

例文

- **你住在哪里?** nǐ zhù zài nǎ li（あなたはどこに住んでる?）

- **你记住了吗?** nǐ jì zhù le ma（ちゃんと覚えた?）

- **凶犯当场被抓住了。** xiōng fàn dāngchǎng bèi zhuā zhù le（犯人はその場で捕まった。）

- **这个问题把我难住了。** zhè ge wèn tí bǎ wǒ nán zhù le（この問題は私を困らせた。）

485

diào tiáo zhōu

调

単語／表現

動 **调换** diàohuàn （交換する、取り替える）

名 **空调** kōng tiáo （空調、エアコン）

動 **强调** qiángdiào （強調する、強く指摘する）

動 **调节** tiáo jié （調節する）

例文

- 开空调吧。 kāi kōng tiáo ba （エアコンをつけよう。）

- 调节一下音量。 tiáo jié yí xià yīn liàng （ちょっと音量を調節して。）

- 我需要调节饮食。 wǒ xū yào tiáo jié yǐn shí （私は飲食を制限する必要がある。）

- 老师强调要及时交作业。 lǎo shī qiángdiào yào jí shí jiāo zuò yè （先生は宿題を時間内に提出するよう強調した。）

486

mǎn

满

単語／表現

動 **满足** mǎn zú （満足する、満たす）

動 **满意** mǎn yì （満足する、嬉しく思う）

動 **充满** chōngmǎn （満たす、満ちる）

名 **满分** mǎn fēn （満点）

例文

- 今天是满月。 jīn tiān shì mǎn yuè （今日は満月だ。）

- 商店里挤满了人。 shāngdiàn li jǐ mǎn le rén （店の中は人でいっぱいだ。）

- 他今年满十八岁。 tā jīn nián mǎn shí bā suì （彼は今年で満18歳だ。）

- 我对未来充满了期待。 wǒ duì wèi lái chōngmǎn le qī dài （私は未来に対して期待でいっぱいだ。）

487 xiàn xuán

日本漢字 県　　繁体字 縣

🔊 Track **507**

単語／表現

名 县城 xiàn chéng（県城（県政府所在地））

名 知县 zhī xiàn（県知事）

例文

- 这个村离县城不远。 zhè ge cūn lí xiànchéng bù yuǎn（この村は県城から遠くない。）
- 他决定去外县做生意了。 tā jué dìng qù wài xiàn zuò shēng yì le（彼は県外で商売することを決意した。）
- 古代有一种称呼叫县令。 gǔ dài yǒu yì zhǒngchēng hu jiào xiàn lìng（古代には県令という呼び名があった。）

488 jú

日本漢字 局　　繁体字 局

🔊 Track **508**

単語／表現

動 名 布局 bù jú（石や駒を配置する、布石を打つ／配置）

名 局面 jú miàn（局面、情勢、形勢）

名 结局 jié jú（結果、結末、結局）

名 邮局 yóu jú（郵便局）

例文

- 结局怎么样? jié jú zěn me yàng（結末はどうだった?）
- 比赛打成了平局。 bǐ sài dǎ chéng le píng jú（試合は引き分けになった。）
- 我家附近有个邮局。 wǒ jiā fù jìn yǒu ge yóu jú（うちの近くに郵便局が1つある。）
- 我今晚有一个重要的饭局。 wǒ jīn wǎn yǒu yí ge zhòng yào de fàn jú（今晩重要な会食がある。）

489

zhào

照

日本漢字 照　繁体字 照

単語／表現

zhàopiàn
名 **照片**（写真）

zhào gù
動 **照顾**（世話をする、考慮する）

guānzhào
動 **关照**（面倒をみる、世話をする）

hù zhào
名 **护照**（パスポート）

例文

zhè tái zhàoxiàng jī hěn xīn
- **这台照相机很新。**（このカメラはとても新しい。）

wǒ xiǎngzhàozhāngquán jiā fú
- **我想照张全家福。**（家族写真を撮りたい。）

wǒ huì xiǎo xīn zhào kàn xiǎomāo de
- **我会小心照看小猫的。**（気をつけて子猫の面倒を見るよ。）

zhè zhāngzhàopiànshang de rén shì shéi
- **这张照片上的人是谁?**（この写真の中の人は誰?）

490

cān shēn cēn sān

参

日本漢字 参　繁体字 參

単語／表現

cān jiā
動 **参加**（参加する、出席する）

cān guān
動 **参观**（見学する、見物する、参観する）

rén shēn
名 **人参**（朝鮮人参）

例文

nǐ néng cān jiā ma
- **你能参加吗?**（参加できる?）

xiànchǎng de cān guān zhě hěn duō
- **现场的参观者很多。**（現場の見学者はとても多かった。）

nǐ yǒu méi you cān yù zhè jiàn shì
- **你有没有参与这件事?**（あなたはこの件に関与してる?）

bú yào bǎ liǎngjiàn shì cān hé zài yì qǐ
- **不要把两件事参合在一起。**（この2件のことを一緒にしないで。）

491

hóng gōng

红

単語／表現

- 名 **红色** hóng sè （赤い色）
- 名 **红豆** hóng dòu （あずき）
- 名 **大红** dà hóng （真紅）
- 形 **粉红** fěn hóng （ピンクの、桃色の）

例文

- 我喜欢吃西红柿。 wǒ xǐ huan chī xī hóng shì （私はトマトが好きだ。）
- 他是一位网红歌手。 tā shì yí wèi wǎng hóng gē shǒu （彼はネットで人気の歌手だ。）
- 我最喜欢粉红色。 wǒ zuì xǐ huan fěn hóng sè （私はピンク色が一番好きだ。）
- 她害羞得满脸通红。 tā hài xiū de mǎn liǎn tōng hóng （彼女は恥ずかしくて顔が真っ赤だ。）

492

xì

细

単語／表現

- 形 **仔细** zǐ xì （注意深い、綿密である）
- 名 **细节** xì jié （細かい点、細部）
- 形 **详细** xiáng xì （詳しい、詳細である）
- 形 **细心** xì xīn （細心である、注意深い）

例文

- 他很细心。 tā hěn xì xīn （彼はとても注意深い。）
- 她的皮肤很细腻。 tā de pí fū hěn xì nì （彼女の肌はとてもきめ細かい。）
- 我需要仔细考虑一下。 wǒ xū yào zǐ xì kǎo lǜ yí xià （私は注意深く考慮する必要がある。）
- 能详细说明一下吗？ néng xiáng xì shuō míng yí xià ma （ちょっと詳しく説明できる？）

493

yǐn

引

日本漢字 **引**　繁体字 **引**

🔊 Track **513**

単語／表現

動 **吸引** (xī yǐn) (引きつける、集める)

動 **引导** (yǐn dǎo) (引率する、案内する)

動 **引起** (yǐn qǐ) (引き起こす、巻き起こす)

例文

- **我来引路。** (wǒ lái yǐn lù) (私が道案内するよ。)

- **他很有吸引力。** (tā hěn yǒu xī yǐn lì) (彼には人を引きつける力がある。)

- **这样说会引起误会。** (zhè yàng shuō huì yǐn qǐ wù huì) (このように話すと誤解が起きる。)

- **他引用了一句名言。** (tā yǐn yòng le yí jù míng yán) (彼は名言を1つ引用した。)

494

tīng

听

日本漢字 **聴**　繁体字 **聽**

🔊 Track **514**

単語／表現

動 **听见** (tīng jiàn) (耳に入る、聞こえる)

動 **听说** (tīng shuō) (耳にしている、～だそうだ)

動 **听话** (tīng huà) (言う事を聞く、聞き分けが良い)

動 **收听** (shōu tīng) (聞く、聴取する)

例文

- **都听你的。** (dōu tīng nǐ de) (全部あなたの言う通りにする。)

- **听说你转职了。** (tīng shuō nǐ zhuǎn zhí le) (転職したらしいね。)

- **我女儿很听话。** (wǒ nǚ ér hěn tīng huà) (うちの娘は聞き分けが良い。)

- **他不听别人的劝告。** (tā bù tīng bié ren de quàn gào) (彼は他人の忠告を聞かない。)

495

gāi

该

日本漢字 該 繁体字 該

◀) Track 515

単語／表現

助動 应该 yīng gāi （～べきである、～のはずだ）

動 活该 huó gāi （当たり前だ、当然のことだ）

助動 该当 gāi dāng （当然～すべきである）

例文

- 我们应该帮助他。 wǒ menyīng gāi bāng zhù tā （私たちは彼を助けるべきだ。）
- 我该怎么称呼你？ wǒ gāi zěn me chēng hu nǐ （あなたのこと何て呼べばいい？）
- 这次该我请客了。 zhè cì gāi wǒ qǐng kè le （今回は私がごちそうする番だ。）
- 活该，谁让你不听话。 huó gāi, shéiràng nǐ bù tīng huà （自業自得だよ、言うことを聞かないからこうなるんだ。）

496

tiě

铁

日本漢字 鉄 繁体字 鐵

◀) Track 516

単語／表現

名 铁路 tiě lù （鉄道）

名 铁人 tiě rén （鉄人（強靭な人））

名 铁塔 tiě tǎ （鉄塔、鉄の塔）

例文

- 我是他的铁粉。 wǒ shì tā de tiě fěn （私は彼の忠実なファンだ。）
- 他们俩是铁哥们儿。 tā men liǎ shì tiě gē menr （彼らは親友だ。）
- 铁是一种坚硬的金属。 tiě shì yì zhǒng jiān yìng de jīn shǔ （鉄は硬い金属だ。）
- 他是一个铁石心肠的人。 tā shì yí ge tiě shí xīn cháng de rén （彼は血も涙もない人だ。）

497

jià jie jiè

价

日本漢字 価 　繁体字 價

◀)) Track 517

単語／表現

名 **价值** jià zhí （価値、値打ち、意味）

名 **价格** jià gé （価格、値段）

動 名 **评价** píng jià （評価する／評価）

例文

- 时间是无价之宝。 shí jiān shì wú jià zhī bǎo （時間は何にも代えがたい宝だ。）
- 这部电影的评价很高。 zhè bù diànyǐng de píng jià hěn gāo （この映画は評価がとても高い。）
- 他正在和店员讲价。 tā zhèng zài hé diànyuánjiǎng jià （彼は店員と値段交渉中だ。）
- 这些衣服在特价打折。 zhè xiē yī fu zài tè jià dǎ zhé （これらの服は特価セールをしている。）

498

yán

严

日本漢字 厳 　繁体字 嚴

◀)) Track 518

単語／表現

形 **严格** yán gé （厳格である、厳しい）

形 **严实** yán shi （ぴったりしている、すきがない）

形 **森严** sēn yán （ものものしい、厳しい）

名 **尊严** zūn yán （尊厳）

例文

- 考试规则很严格。 kǎo shì guī zé hěn yán gé （試験の規則はとても厳しい。）
- 这里戒备很森严。 zhè li jiè bèi hěn sēn yán （ここの警備はとても厳しい。）
- 这支球队防守不严。 zhè zhī qiú duì fángshǒu bù yán （このチームは守備が固くない。）
- 爸爸是位很严厉的人。 bà ba shì wèi hěn yán lì de rén （お父さんは厳格な人だ。）

499 lóng

日本漢字 龍　**繁体字** 龍

◀) Track **519**

龙

単語／表現

名 恐龙 kǒnglóng （恐竜）

名 龙虾 lóng xiā （ロブスター、伊勢エビ）

名 龙眼 lóng yǎn （竜眼（リュウガン））

例文

- 我属龙。 wǒ shǔ lóng （私は辰年だ。）

- 龙舟比赛很刺激。 lóngzhōu bǐ sài hěn cì jī （ドラゴンボートのレースは刺激的だ。）

- 龙卷风非常危险。 lóngjuǎnfēng fēi cháng wēi xiǎn （竜巻は非常に危険だ。）

- 我想去恐龙博物馆。 wǒ xiǎng qù kǒnglóng bó wù guǎn （恐竜博物館に行きたい。）

500 fēi

日本漢字 飛　**繁体字** 飛

◀) Track **520**

飞

単語／表現

名 飞机 fēi jī （飛行機）

動 飞走 fēi zǒu （飛んでいく）

動 起飞 qǐ fēi （飛び立つ、離陸する）

例文

- 时间飞逝。 shí jiān fēi shì （時間があっという間に過ぎ去る。）

- 飞机快降落了。 fēi jī kuàijiàng luò le （飛行機がもうすぐ着陸する。）

- 科技在飞速发展。 kē jì zài fēi sù fā zhǎn （科学技術が飛ぶように発展している。）

- 樱花在空中飞舞。 yīng huā zài kōngzhōng fēi wǔ （桜が空中を舞っている。）

皆さま、
ここまでお疲れさまでした！
大家辛苦了～

500個の漢字を一通り見て、どう感じたでしょうか？
日本語でも見慣れた漢字もあれば、初めて見る簡体字もあったり、
意外な漢字が使用頻度上位だったりと様々な発見があったかと思い
ます。単語や例文もたくさんあるので、一度で覚えられるものは
少ないかもしれません。

ですが、すぐに覚えられなくても焦る必要はまったくありません！
一周するのに時間をかけすぎず、同じ漢字や単語を何度も何度も
目に入れましょう。「忘れては覚え直す」という作業を繰り返すこと
で記憶が定着していくはずです。

そして、余裕が出てきたら例文を声に出して読んでみましょう。
例文ごと暗記してしまうことで、実践会話のストックにもなります。
疲れてきたら、気分転換にコラムページを読んだり……
目を休めて、音声の聞き流しをしたり……
コツコツ勉強していくうちに、この500個の漢字に親しみを感じて
くるはず。一見難しそうな中国語の文章でも怖くなくなります！

「漢字を制するものは中国語を制す。」
この本が、皆さまの漢字を制する第一歩になれたら嬉しいです。
最後に、本書の出版に関わってくださったすべての方と、読んでく
ださったすべての方に、心から感謝いたします。谢谢大家。

索引 ▶ ◆◆◆◆◆◆◆◆◆◆◆◆◆◆◆◆◆◆◆◆◆◆◆◆◆◆◆◆◆◆

漢字	1つ目	2つ目	3つ目	4つ目	ページ	漢字	1つ目	2つ目	3つ目	4つ目	ページ
后	hòu				38	几	jǐ	jī			152
候	hòu	hóu			277	己	jǐ				190
华	huá	huā	huà		213	机	jī				62
划	huá	huà	huai		274	基	jī				134
化	huà	huā			52	积	jī				206
话	huà				218	价	jià	jie	jiè		304
花	huā				196	家	jiā	jie			49
回	huí				158	加	jiā				59
会	huì	kuài			27	建	jiàn				107
活	huó				129	件	jiàn				132
或	huò				97	见	jiàn	xiàn			144
火	huǒ				297	间	jiān	jiàn			84
及	jí				130	将	jiāng	jiàng	qiāng		143
级	jí				137	江	jiāng				281
即	jí				166	较	jiào				142
极	jí				181	教	jiào	jiāo			195
集	jí				221	叫	jiào				232
计	jì				144	角	jiǎo	jué			146
济	jì	jǐ			179	交	jiāo				182
记	jì				228	结	jié	jiē			105
际	jì				243	节	jié	jiē			217
技	jì				252	解	jiě	jiè	xiè		106

漢字	拼音 1つ目	2つ目	3つ目	4つ目	ページ
主	zhǔ				28
转	zhuǎn	zhuàn	zhuǎi		192
专	zhuān				290
状	zhuàng				290
装	zhuāng				237
准	zhǔn				269
自	zì				53
子	zǐ				35
资	zī				135
总	zǒng				125
走	zǒu				206
族	zú				273
组	zǔ				143
最	zuì				112
作	zuò	zuō			23
做	zuò				156

音声出演／李軼倫（1、3、5章）、劉セイラ（2、4章）
音声制作／英語教育協議会（ELEC）
本文イラスト／チヤキ
デザイン／bookwall

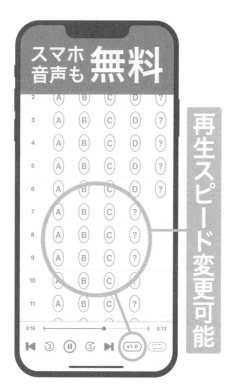

李姉妹（りしまい）

姉のゆんちゃん、妹のしーちゃんの2人から成る姉妹YouTuber。姉・ゆんちゃんは1988年に中国で生まれ、中国と日本で育つ。妹のしーちゃんは1993年日本生まれの日本育ち。2018年11月から2人で「李姉妹」としてYouTubeでの配信を開始。現在に至るまで中国の言葉や文化等、中国に関する様々な情報を配信し続けており、中国語学習者や中国に関心のある人々から圧倒的な支持を受け、チャンネル登録者数は37万人（2024年5月現在）を突破。2019年から中国政府認定の中国語検定、HSKの公式キャラクターを務めており、YouTube以外にも活動の場を広げている。著書に『李姉妹のおしゃべりな中国語』（昭文社）、『長草くんと李姉妹の まるっと話せる中国語』（Jリサーチ出版）、『すぐに話せて必ず通じる 李姉妹と基礎から中国語 音声ダウンロード付』（KADOKAWA）、共著書に『Q&A Diary 中国語で3行日記』（アルク）がある。

YouTube：李姉妹ch　　X（旧Twitter）：@lisis45、@yunlisis
Instagram：@lisis45、@shii__422

ネイティブが使う順に覚えられる
中国語漢字500　音声ダウンロード付

2024年6月24日　初版発行

著者　李姉妹

発行者　山下 直久

発行　株式会社KADOKAWA
　　　〒102-8177　東京都千代田区富士見2-13-3
　　　電話　0570-002-301（ナビダイヤル）

印刷所　株式会社暁印刷

製本所　株式会社暁印刷

©Rishimai 2024　Printed in Japan
ISBN 978-4-04-606592-6　C2087